実話怪談

怪奇

竹書房文庫

実話怪談 怪奇島　目次

第三章 全国〈実録〉島怪談 本当にあった日本の島の怖い話 79

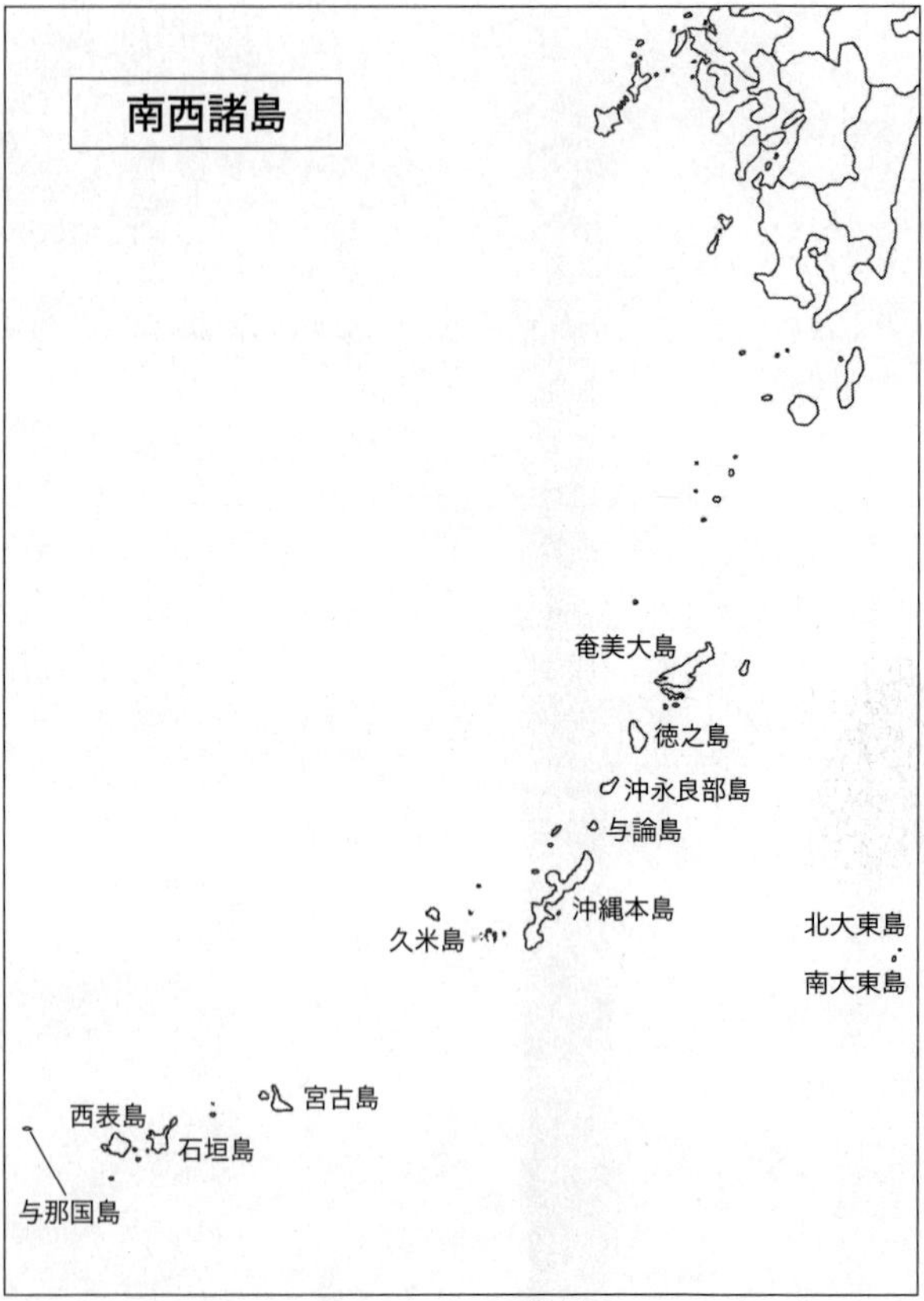

南西諸島
奄美大島
徳之島
沖永良部島
与論島
沖縄本島
久米島
北大東島
南大東島
宮古島
西表島
石垣島
与那国島

第一章　奄美と琉球　マジムンたちの怪奇伝承

小原猛（こはら・たけし）
沖縄県在住。沖縄に語り継がれる怪談や民話、伝承の蒐集などの活動をしている。著作に『沖縄怪談 耳切坊主の呪い』、「琉球奇譚」シリーズ全五作など。

奄美と琉球国

カンテメ節という民謡が今でも唄い継がれる島、奄美大島という島は、沖縄県の辺土《へど》岬《みさき》から約四百キロ離れた場所にある。もっというと、北部の辺戸岬に立つと、すでに奄美群島の一部である与論島は約四十九キロしか離れていない。

奄美群島から沖縄島、八重山諸島、そして台湾までを、昔は一つながりの島であったことから、琉球弧とも呼ばれている。

奄美、そして沖縄地域には、本土にはあまりないような不思議な話がいっぱいある。もちろんそのことは、本土の文化とはまったく違う成立過程を経ているということも理由の一つである。私が思うのは、怪異というものはそもそも所属する文化的背景が大いに物を言うということだ。

奄美の歴史は意外とわかっていないことのほうが多い。奄美が言及されるのは、西暦七二〇年に書かれた『日本書紀』の中で、そこに海見嶋《あまみじま》という記述があり、これが奄美のことであるといわれている。また奄美はウナリ神《がみ》を信仰する宗教社会でもあったが、このウナリ神とは簡単にいうと、妹の神ということである。長男である指導者を守護する妹＝ウナリを宗教的頂点に置いた社会のことで、この辺りは少し離れた沖縄の宗教構造とまったく同じである。

事実、奄美群島は一四六六年に喜界島が、一四六七年に奄美大島が琉球王府によって征服された後は、当時の薩摩藩が琉球に攻め入るまで、いわゆる明治政府の一八七二年の琉球藩の創設に至るまで、琉球国によって支配され続けていた。そのため、奄美と沖縄における宗教的、あるいは言い換えると信仰形態や怪異にまつわる伝承など、実に似通った話が流布されている。しかしそこかしこに、本土的な話も交じっており、そこが怪異伝承というフィルターを通して見た場合、実に面白い、本州と琉球の間に横たわるボーダーライン的な島として捉えることができるのだ。

マジムンとマブイ

たとえば妖怪を表す言葉で、マジムンというものがある。これはおそらく呪術のまじないによって作り出されたモノという意味なのだが、一方で交ざったモノ＝マジリムンという呼び方もある。これは琉球と奄美に共通する方言である。また面白いことに、奄美では猛毒のハブのこともマジムンと呼び、それは生殺与奪の力のあるハブに対する畏怖と嫌悪が入り交じった表現だと考えられる。

また魂を表すマブイという言葉も、地方によってはマブリとか様々な細部の違いはあるが、ほとんど同じである。人は病むとマブイにも支障をきたし、マブイは徐々に落ちるのである。あるいは事故などを経験すると、マブイは一気に落ちてしまい、その場所に留まってしまうので、事故を経験した人間はマブイグミ（魂を込める）をしないといけなくなる。事故現場やマブイを落とした場所に向かい、「マブヤー、マブヤー、ウティキミソーチ（魂、魂よ、私についてきてください）」と唱えてから、その場所に落ちている小石を拾って、家に帰ってから握り飯と魚の熱いお汁を飲む。そうすると戻ってきたマブイが定着し、その人は元気になるといわれている。

またマジムンはそのマブイを人間から故意に落とさせて奪ってしまうとも考えられている。琉球奄美の伝説によると、マジムンが現れて股の間をくぐると、人はマブイを奪われてしまう。

また人間が殺されてから発生するものはユーリー（幽霊）と呼ばれるが、ユーリーとマジムンの境目はあいまいで、いつの間にかユーリーがマジムンになった場合もある。

映画『忌怪島』のもとになった「カンテメ節」や「イマジョ」の話は、最初の発端は殺された女性がユーリーになるのだが、その後まるで変幻自在のマジムンのようになって、様々な場所に現れ続けているのである。しかも場所は奄美の話であるのに、いつの間にか沖縄本島にも現れたという現代怪談もあるくらいである。

奄美と琉球を結ぶ存在　ユタ

そして沖縄奄美に共通する精神文化の中でも、筆者が特に重要視しているのは、ユタという島独自のシャーマンに対する呼称である。ユタとは、特に人と喋ることから、おしゃべりを意味する「ユンタク」という方言がなまったもので、医者などがいなかった当時、薬草の知識から霊的な相談まで、コミュニティの中で非常に重要な役割を果たしていたものと考えられる。

因みにこのユタが記録に残っているのは、一七一二年のこと。沖縄の首里城の継世門《けいせいもん》のすぐ側にあった赤田《あかた》村での出来事である。その頃、おそらく首里の役人であった仁徳という男性の妻が、神ダーリ（カミダーリ、カンダーリともいう。神が乗り移り、ユタになること）して、自分は神であると公言して大騒ぎになった。仁徳の妻は自分を赤田神だと名乗り、士族から平民まで多数の信者を獲得した。

だが最初に書いたように、赤田村は首里城の継世門をすぐ出たところである。当時の琉球王府は大激怒。仁徳夫婦は逮捕され、ユタの妻、夫の仁徳ともに一七一二年に逮捕、処刑されている。

この事件はまあ、場所が悪かったのだともいえる。まさに政府のお膝元中のお膝元でこんなことをされると、黙ってはいられなかったであろう。その教えについては詳しく書かれてはいないが、この話はユタというよりも、琉球王府が認めているノロ（ユタは民間の霊能者であるが、ノロは政府公認の神女のことである。いわゆる公務員であった）に反発するものであっただろう。いわゆるウナリ神という政府公認の宗教組織に反発する、今でいうところの新興宗教であったに違いない。

このユタは現在でも沖縄には多くの者が活動している。おそらく集落に一人以上、他にも呼び方は三仁相《さんじんそう》（主に辻占いなど）、トキ（男性で、軍師のようなことから占いまで行った）など、幅広く呼称されていた。因みに一般にいうユタとは女性名詞である。前述のように男性はトキと呼ばれた。これは時間を表す時《とき》の意味である。方言ではトゥチと呼ばれた。

このユタが沖縄と同じように奄美諸島にも現存している。奄美ではユタのもとを訪れるのに、酒とタバコ一カートンをお土産として持参する。これは沖縄でも昔はあった風習のようであるが、おそらく都市化が進んだため、次第に見られなくなったのかもしれない。だから現在でも名瀬《なぜ》のコンビニエンスストアでオバアがタバコ一カートンと泡盛などを合わせて買っていると、「ほれ、あの人ユタコーヤだよ」と言われることがある。ユタコーヤとはユタ買いする人のことである。

ユタの役割

ユタが診《み》るのは多岐にわたっており、その人の人生、未来、過去、恋愛、病気などである。また土地や屋敷のウガミ（拝み）や、集落全体のウガミをすることもある。昔はこういった集落などの公的な仕事は、ほとんどノロの仕事であった。だが先述したように公務員であった各地のノロ（すべて女性）は、琉球王府が解体されたことによってその職を解かれ、現在は存在していない。ただ地方や離島においては、いまだに集落のウガミなどのためのノロが存在しているところもあるが、彼らは島の中でちゃんとした仕事をしており、ウガミや祭事期にだけ、ノロとして活動している。有名な今帰仁村《なきじんそん》に住むノロのオバアは、何も祭事がないときは現在でも売店でレジに座っておられる。

ここで強調しておきたいのだが、ノロは公務員ですでに琉球王府は存在しないため、その職はもうないのであるが、時折「自分はノロの末裔」だとか、「ノロの能力を有する」とか、そういった言葉を謳い文句にして活躍されているユタっぽい方を時折見かける。しかし、ノロとはそもそも集落の政《まつりごと》を行う女性神官のことであって、ユタとは根本的に違っていた。ユタは民間療法師として多くの人たちとユンタクしながら精神的、霊的なケアも行った、いわゆる霊的職能者であったが、ノロはそうではなかったのである。

もちろん琉球王府に公務員として採用された女性たちの中にも、何名かは実際に霊能力のある者もいたであろう。彼らの子孫が現在もノロの力云々で活動するのは問題ないが、基本ノロとは集落と琉球国のために存在したのであって、人を診たり相談事を聞いたりはしなかった。つまりユタとノロの違いを誤解している人が多い。

奄美のマジムン

次に奄美のマジムンや伝承の神々、そして怪異について見ていくことにする。琉球には家畜の妖怪が多く、牛、豚、鳥など、様々な家畜がマジムンになる。これは奄美もまったく同じである。代表的なものとしては豚のマジムンがあげられる。

これは一般的にワーマジムンと呼ばれ、方言で豚マジムンという意味である。他にもそれらのカテゴリーに当てはまらないマジムンも多い。ここに紹介するものはごく代表的なものだけであり、それぞれのマジムンや伝承を学ぶにつれ、奄美群島という独特な歴史の片鱗を理解できるかもしれない。

◆ケンムン

沖縄本島でいうところのキジムナーと同格のマジムンである。

奄美大島と徳之島だけに棲息するマジムンで、地元では「ケンムン様」と呼ばれ、神様としてもあがめられている。ケンムンの意味は「木のムン」という意味で、ムンはマジムンのムンと同じで、「モノ」という意味である。

ケンムンの姿は小さな子どものようで、奄美大島のケンムンは本土のカッパのように頭に皿があるともいわれているが、徳之島のケンムンにはそのような話はないようだ。徳之島では「鼻たりムングヮ」とも呼ばれ、いつも鼻水を垂らしていたり、ヨダレを垂らしているともいわれる。ケンムンは足が異様に細く、そして長く、膝を立てて体育座りをすると、大きな膝が頭の横にまで達する。そのせいで奄美の人々は、特にお年寄りなどは子どもが体育座りをすることを極端に嫌い、そのことを「ケンムン座り」と呼んだりする。また体からユン（もぐら）のような臭いがしたとされる。

また田畑英勝の論文「奄美の妖怪」によると、宇検村屋鈍《うけんむらやどん》でカツオ業が盛んなときにはケンムンも村の中にたくさんいた。だがある時、屋鈍のケンムンが集落の家を一軒一軒回りながら、「自分は今里《いまさと》の立神《たてがん》にお嫁に行く」と挨拶をしていったという。それから屋鈍のカツオ業が廃れていったのだという。ここではっきりと「お嫁」と記されているので、当然ケンムンには性別があるのだろう。この点もキジムナーにそっくりである。

ケンムンの成り立ちについてはいくつか話が伝わっているが、その一つが奄美に住んでいた天女がテンゴという大工の神様から求婚されたことにまつわるものである。テンゴから求婚された天女は、結婚の条件として、六十畳の屋敷を一日で作り上げてほしいとお願いした。するとテンゴは二千体の藁人形に命を与え、屋敷を作り上げた。屋敷が完成して二人は結ばれたのだが、その後この藁人形たちが逃げ出して、のちに山や川に住み、ケンムンとなったという説である。

これには別のヴァージョンがある。天狗の神が一日で六十畳敷の豪邸を作るために、藁人形から二千人もの大工を作り上げ、用が済んだので息を吹きかけて元の藁人形に戻そうとした。すると二千体すべてがケンムンになったという。そこで千体は山に、千体は海に放してやった。そのせいで、旧暦の七月には海からケンムンたちが一斉に山を登っていく。

逆に山のケンムンたちもそこから下りてくるといい、彼らは一様に松明《たいまつ》を持ちながら「ヒュー！　ヒュー！」と奇声を発し、海へと列をなして下りてゆく。この行列をケンムンマチと呼び、山から下りてきたケンムンのヒー（火）は一旦浜辺の手前で停滞してから、一気に海の方へとなだれ込むという。

もう一つ伝わっているケンムンの話は、次のようなものだ。

昔、ネブザワとユネザワという二人の漁師がいた。ユネザワには美しい妻がいて、それを羨ましいと思っていたネブザワは、ある日ユネザワを殺してしまい、その妻に求婚した。二人はやがて結ばれるが、ある日海辺を散歩していて、妻はユネザワの水死体を見つけ、それで真実が発覚してしまった。

真実を知ってしまった妻は、ネブザワを山に誘い込んで、その手を釘で木に打ち付けて、動けなくしてしまった。すると取り残されたネブザワの前に、神様が現れてこう言った。

「お前はユネザワを殺してしまったので、人間にしておくことはできない」

そして神様は罰としてネブザワをケンムンに変えてしまったという。そのことからケンムンはネブザワと呼ばれるのを嫌っているのだという。もしその人がケンムンに面と向かって「お前はネブザワだ」と伝えると、逆に木に釘で両手を打ち付けられて殺されるという。そのような理由から、奄美地方ではケンムン様を怒らせると大変なことになると言い伝えられている。

また最初の話に出てきたように、テンゴという神は大工の神、つまり木工の神様である。大工が作った藁人形なので、ケンムンは洞窟に住まずに木に住むのだとも言い伝えられている。

◆イッシャ

与論島のマジムン。体格は子どもくらいで、夜になってヒーダマ（火の玉）になって飛び、イザリ漁（松明のもとに集まってくる魚を捕る漁）をしたりする。魚の目を抜き取ったりするところもケンムンやキジムナーにそっくりであるが、人に意地悪はしないといわれている。

◆ハタパギ

一本足のマジムンで、与論島で語り継がれている。旧暦の二月から三月にかけて、珊瑚礁の上でヒーダマとして飛んでいるのが確認されるという。

◆ケッケマッケ

奄美大島の対岸にある加計呂麻島《かけろまじま》のマジムン。羽に赤と黒の色が交ざった雄鶏のような姿をしているが、人の十メートル先くらいに姿を見せては消えてしまう、不可思議な存在。元々加計呂麻島のユカリッチュ（奄美の貴族階級）にこき使われたヤンチュ（契約奴隷）の女が、毎日の強制労働に愛想をつかし、主人を殺して山に逃げたのが変化したという。ケッケマッケは右側の胸の部分が少し膨らんでおり、左右対称ではないが、これは家を出るときに乳飲み子のわが子を置いてきたため、その子のことを想って片乳が腫れてしまったためだといわれている。ケッケマッケは基本人を恐れるが、漁師たちもケッケマッケを見ると、災いにあうといって出会うのを好まない。

◆ミンキラウヮ

奄美の名瀬によく現れたマジムンである。ミンキラウヮとは、「耳のない豚」あるいは「耳が切られた豚」という意味である。もしこのミンキラウヮに股の間をくぐられるとマブイ（魂）を取られてしまう。それを防ぐには、足を×印に交差させて歩くとよい。

◆クイキリウヮ／クイキリウシ

頭部が切断された豚、あるいは牛である。喜界島では頭部のない豚であるクイキリウヮが出た。頭部が切り取られた豚が、夜道、人を襲ってくるのである。これは村人たちに非常に恐れられた。

クイキリウシは奄美大島の天城町《あまぎじょう》のシルシンシラー（白牛の坂）という場所に現れた。首のない牛が猛スピードで坂を下ってきて、体当たりさせられ、坂から落ちたものは死んだという。

◆ムティチゴロ

徳之島の阿布木名《あぶきな》に出たといわれている、一つ目の豚の妖怪である。これも同じように人の股の間をくぐろうとした。先述のミンキラウヮなどと同様に、体の一部が欠損しているものがマジムンになるという例である。

◆ワーヌクー　豚の子

徳之島ではユナワという名前の豚の妖怪も出没した。これは「夜の豚」という意味で、必ず夜、しかも群れで襲ってくるという。

これと似た話で、「ワーヌクー（豚の子）」という有名な話が徳之島にある。

昔、陸川という場所で夜に口笛を吹くと、豚のマジムンに襲われるといわれていた。ある夜に、川エビを獲っていた漁師が、あまりにも獲れなかったので、夜中に退屈しのぎで口笛を吹くと、川の中から一匹の豚が現れた。漁師がその豚を網で捕まえようとすると、豚は網目よりも小さな何百もの小豚になって飛び出し、追いかけてきた。びっくりした漁師が豚小屋に隠れていると、しまいには諦めたのか、豚たちは帰ってしまったという。

また奄美大島の宇検村で起こった話を、『奄美民俗ノート第1号』に先田光演《さきだみつのぶ》さんという方が書いている。

大谷さんという方のお父様は勤勉に働く方で、夜遅くまで働いたその夜、自動車工場の近くを歩いていると、一頭の豚が現れた。この世のものならざる雰囲気を持っていたが、やがて豚は先頭を歩きながら、自分から海の中に沈んでいったという。

◆ヤギヌムヌ

いわゆるヤギのマジムンである。与論島のものは特に人に襲い掛かってくることはなく、体当たりをしてくるが容易に避けることができる。だが夜道で姿は見えないがヤギの匂いがするときに「あれはヤギに違いない」とか「ヤギヌムヌの匂いがする」などと言ってしまうと、災難が降りかかるといわれている。沖縄本島でもヤギのマジムンはヒージャーマジムン（ヒージャーはヤギの方言）とか、カタパグピンザ（宮古島の片足しかないヤギのマジムン）などが有名である。これも沖縄の家畜のマジムンの代表格である。

◆キーターラシビ

昔、沖縄本島と与論島の間で、何度も怪光が目撃された。かがり火のようでもあったが、実際のかがり火よりも明るかったので、当時の琉球王はそれを大変不思議がって、ある日、その海域に詳しい船頭に調査するように命じた。

船頭はさっそく調査に当たったが、真っ暗な大海原の中で一個の骸骨が光りながら浮かんでいるのが見えた。恐れ戦いた船頭は急いで戻り、王にそのことを報告した。すると王はその話を信じず、もう一度よく調べてこいと追い返した。

そこで船頭は怖い気持ちを抑えながら、再度光り輝く地点に戻った。すると骸骨がまた光り出したので、それを拾い上げてみると、奇妙なことに真っ白な歯の間に一枚の紙を挟んでいた。ところが船頭は字が読めなかったので、それをそのまま首里に戻り王様に手渡した。

王は骸骨に挟まっていた紙を読み上げ、船頭に訊いた。

「この骸骨が浮かんでいた場所は、琉球が近かったか。それとも与論が近かったか？」

船頭は「与論だと思います」と答えた。

「よろしい。それではお前はこの骸骨を持って与論島へ行き、琉球が見渡せる高台にこれを祀れ。そしてその後これの祭事はすべてお前がするようにしろ」

そこで船頭は骸骨を持って与論島へ戻り、琴平《ことひら》という高台にそれを祀り、その後彼の一族が祭事を執り仕切った。

実は骸骨がくわえていた紙には、こんなことが記されていた。

「私はキーターラシビという名前の海賊の長である。この骸骨を拾ったものは、島の高台にこれを祀ってほしい。そうすれば子孫代々海難から護られるだろう」

現在、海の航海安全を祈願する場所として、琴平神社が残っている。

また戦時中、その辺りで遭難した三人が漂流の末に助かったが、皆その船頭の子孫だった、と昭和三十七年に書かれた『奄美民俗ノート第3号』に書かれてある。

◆ヤチャ坊

ヤチャ坊は最初人間として生まれたが、三つになる頃に山に登ったまま、そこで生活し、ふもとに下りなくなった。七つになる頃に母親が亡くなったので、初めてふもとに下りてきたが、親戚たちはヤチャ坊が恐ろしく、会うのを避けていた。

瀬戸内町の大和湾《やまとわん》出身のとある人物が、山に分け入ったときに、偶然ヤチャ坊と出会った。

ヤチャ坊はその人に、自分と山の中で会ったことは、誰にも言いふらしてはいけないと、かたく口止めをした。だがある日、ヤチャ坊のことを集落の中でふと喋ってしまった。

すると山からヤチャ坊が下りてきて、その人を含め、家族全員を惨殺してしまったという。

ヤチャ坊は力が強く、木の皮のふんどしを着けていたといわれている。その乱暴ぶりに手を焼いた集落の人が、山に分け入ってヤチャ坊狩りをしたが、足が速すぎて追いつけなかった。今でも川内《かわうち》集落には、そのヤチャ坊が隠れていたといわれる洞窟が残っている。

またそのような凶暴な面とは裏腹に、奄美の人から慕われるような優しさを発揮した話も残っている。夜な夜な金持ちの蔵から食物を盗んでは、貧しい島の人々に分け与えたり、道端で苦しんでいるみなしごに、握り飯を与えたりと、義賊的なことも行っている。

一昔前までは、奄美では子どもが言うことを聞かないと「ヤチャ坊が来るよ」と言って、寝かしつけていたそうである。

ヤチャとはカワハギのことで、煮ても焼いても食えない、そんな手の施しようのない小僧のことだという。

◆インマオウ

インマオウは顔は猫そのもので、頭と尾が犬のようなマジムンである。鳴き声も、犬と猫の混ざったような気味の悪い声をしているという。因みに方言で犬のことをイン、猫のことをマオウ、あるいはマヤーと呼ぶ。

インマオウを見たものは、数日のうちに確実に死んでしまうという。奄美大島の瀬戸内町に残る目撃談では、タオルのような体に、白い丸模様のついた顔のインマオウが、生け垣からこちらをにらんでいたというものもある。

瀬戸内町にはインビャクと呼ばれる場所が残っており、そこは昔、犬や猫など、動物の子どもの捨て場所だったという。インマオウはその辺りに頻繁に現れたといわれる。犬や猫を粗末に扱う人間たちに、復讐の意味で現れた妖怪のようである。また加計呂麻島に伝わる話では、インマホと呼ばれ、それは目が隠れるくらいに毛が長い動物で、竜宮の神だともいわれている。このインマホも死期が近づいている人の家を覗いてまわったり、死んだ者のマブイ（魂）を取りに来るといわれている。

◆ザヒモン

また似たような妖怪で、ザヒモンという妖怪も奄美には存在する。

この妖怪はチリムヌとも呼ばれ、死者が横たえられていた敷物の下に宿るといわれ、これに股の間をくぐられるとマブイを取られるのだという。全体的に浅黒い色合いで、短いしっぽを持ち、豚の子のようでもあるが、猫にも似ている。

名越左源太《なごやさげんた》の書いた『南島雑話』にも登場しており、不浄の獣とも呼ばれている。

◆奈麻戸奴加奈之（ナマトヌガナシ）

これも『南島雑話』に登場する。

奈麻戸奴加奈之は、奄美大島の瀬戸内町に出たとされる妖怪神である。

その昔、奄美大島は、真須知《ますち》組と須多《すた》組という、二つのノロ（神女）によって治められていた。そのうちの真須知組のノロの集落に出た奇怪な姿をした牛の妖怪神である。

奄美大島では一年に二回、神様を送り迎えするウムケー、オーホリと呼ばれる行事が旧暦の二月に行われていた。この行事は太陽の化身といわれるテルコ神、ネリヤ神をお迎えする大事な行事であった。

ノロたちが海辺で彼方からやってきたテルコ神、ネリヤ神のために祈りを捧げていると、何の前触れもなく現れたといわれている。

それは牛の姿をしているが、前足が八本、後ろ足も同じく八本あった。頭には八つの角を持ち、チャルメラのような甲高い鳴き声を発しながら、所狭しと暴れ回ったという。またこの世のものではない怪しい光を発していたともいわれている。

奈麻戸奴加奈之は集落の中を暴れまくり、ノロも島民も誰もそれを止めることはできなかった。そのため、集落では奈麻戸奴加奈之が現れると、長い間頭を地面につけてひれ伏しながら、じっと我慢するしかなかった。

奈麻戸奴加奈之は人々に危害は加えなかったが、その荒々しい様は見る者に恐れを抱かせた。また奈麻戸奴加奈之は農耕の神様とされ、その合計十六本の足で踏みつけられた畑は、逆によく作物が育ったといわれている。

◆ボゼ

奄美のトカラ列島に位置する悪石島《あくせきじま》及びその周辺離島に出没する神である。

悪石島や付近の平島、宝島、小宝島、中ノ島などにも出現したといわれ、その他の地域ではボジェとも呼ばれていた。ボゼ、あるいはボジェという名前は「亡霊」という言葉がなまったものといわれている。

ボゼは先祖たちの霊の先導者として島を練り歩くと信じられており、その奇抜な外観はまるで南太平洋の島々の扮装、特にポリネシアを思わせる。

その姿は現在でも悪石島の仮面神ボゼとして、旧盆のお祭りの中に見ることができる。旧暦の七月七日から十六日にかけて、悪石島では盆踊りが行われ、その祭りの最後の日に突然、ボゼは現れる。

ビロウやしゅろの葉でおどろおどろしく飾りつけられた三体のボゼが、太鼓の音と共に出現し、盆踊りに興じる人々の列を乱して大暴れする。

人々をおどしながら、ボゼマラと呼ばれる棒を振り回して、その先端に塗られた赤土を人々につけてまわるのである。

子どもは恐怖のあまり大泣きして、人々は逃げ惑うのだが、実はその泥がついた人々はそれから一年、無病息災で幸運がやってくるといわれている。

泥をつけるということと、三体で現れるということについては、宮古島の島尻のパーントゥにも似ている。

◆タンゴクレレ

沖縄ではフナユーリー（船幽霊）とも呼ばれる。タンゴとは桶のことを指す。

夜中、海に出ていると、どこからか淡い光と共に不気味な船がやってきて、「タンゴクレレ（桶をくれ！）」とお願いするという。無視をしてもどこまでもついてくるので、そんな時には底を抜いた桶を渡してやると、消えてしまう。

逆に、奴らの言う通りに底のついた桶をそのまま渡してしまうと、逆にその船に水を入れられてしまい、沈没してしまう。

桶や柄杓《ひしゃく》などを欲しがるのは、彼らが沈没した船の乗組員であるため、現在でも沈没した船からそれらを使って必死で水を掻き出しているせいだといわれている。

また旧暦の八月八日であるヨーカビーなど、あまり良くない日に漁に出かける場合には、底の抜けた桶を用意してから出かけないと危険だといわれている。のちに筆者が直接取材した話で、遠く離れた与那国島でも同じような話が採録できた。

◆アモレオナグ

アモレオナグは奄美地方に現れたとされる天女である。

漢字では亜母礼女と書き、羽衣美女《ハゴロモマンジョ》とも呼ばれている。

沖縄本島に伝わる天女伝説といえば、宜野湾市や島尻郡与那原町などに伝わっているが、どちらも優しいイメージがあり、地上に降り立って子どもを産んだりする、神様的な面と人間の母性を感じさせる面とを合わせ持っている。

だが奄美のアモレオナグは、決してそうではない。妖怪と呼ぶにふさわしい、世にも恐ろしい存在である。

アモレオナグは天に住んでおり、降りてくるときにはどんなに晴天であっても、必ず小雨が降るという。

アモレオナグは白い風呂敷を背負って現れ、男を見つけると、にやりと微笑みながら誘惑をする。誘惑に負けてアモレオナグに引き寄せられてしまった男は、みんな命を取られて死んでしまう。

また手に柄杓を持ち、喉が渇いた人に近寄っては、その水を飲ませようとする。だがその柄杓から水を飲んだが最後、その人はマブイ（魂）を取られてしまう。

そうさせない方法は、柄杓を持った掌を上にして支えるようにすれば、マブイを取られることはないという。

もしアモレオナグがやってきたときには、誘惑に負けず根気よくにらみ返していれば、打ち勝つことができるといわれている。

また奄美地方では、海に現れる妖怪のこともアモレオナグ、あるいはアムログオナグと呼んでいる。

このアモレオナグは、海で水死した者たちの霊で、青い火を持って彷徨《さまよ》い歩くシリー（死霊）だといわれている。先述の船幽霊であるタンゴクレレといくつも共通項を見出せるが、この二つはもしかしたら関係があるのかもしれない。

◆カンテメ

奄美にはカンテメ節という民謡がある。それはこんな話だ。

現在の宇検村に名柄《ながら》という集落があり、そこにカンテメという終身奴隷が豪商の家で暮らしていた。この終身奴隷をヒダといい、逆に債務奴隷のことをヤンチュと呼んだ。彼らは畑を耕したり、主人たちのこまごまとした用事をこなしていたが、カンテメはその美貌から、仲間のヒダやヤンチュからも嫉妬されて、さげすまれる存在になっていた。またこの家の主人も暴力的な性格で、ことあるごとに奴隷たちに暴力を振るっては気晴らしをしていた。カンテメはその主人からも言い寄られ、地獄のような毎日を過ごしていたという。

ある日のこと。少し離れた久慈《くじ》という村にある下級の間切役所（現在の村役場）から岩《いわ》加那《かな》という若者が集落にやってきた。彼は三線の名手で、カンテメは岩加那の奏でる音色を聞きながら彼の虜になり、岩加那はカンテメの美貌にすっかり夢中になってしまった。二人が恋仲になるには、さして時間は必要ではなかった。

その後、芭蕉の葉を紡いでいるときに、カンテメは少しのミスを責められ、ムチ打ちの上拷問を受け、すっかり衰弱してしまった。恋仲であった岩加那はそれを知り、さっそく名柄にやってきて、彼女を豪商の家から助け出して、名柄と久慈の間にある佐念《さねん》にあった作業小屋に彼女をかくまった。そこで二人でしばらく暮らしたというが、名柄の豪商も黙ってはいなかった。ヒダやヤンチュといえば、それは奴隷であり、彼らの財産でもあった。いわば岩加那は自分たちの資産を盗んだわけである。多数の人を雇って二人の居場所を捜した。

結果、カンテメはすぐに見つかり、名柄の家に引き戻された上、主人たちからひどい拷問をうけた。逆さ吊りにされ、焼けた火箸を下腹部に突っ込まれたのである。

一方、家に帰った岩加那はカンテメがいないことを知り、名柄の家まで捜しに行ったが見つからなかった。仕方なく逢引していた佐念に戻ると、彼女がそこに現れた。二人は穏やかに会話しながら愛し合い、岩加那が三線を引き、カンテメが唄を唄った。やがて夜が明ける頃になると、カンテメの姿は消えるようにいなくなったという。

びっくりした岩加那はもう一度名柄の主人の家に戻った。するとヤンチュの一人が悲しそうな顔で奥の部屋に案内してくれた。そこには半裸で逆さ吊りにされ、下腹部に火箸のささったままのカンテメの死体があったという。

それから岩加那は発狂してしまった。毎晩夜中に家を出ては、誰もいない場所で延々三線を弾いた。やがて岩加那も首を吊って自害してしまったという。

一方主人の家はそれから幽霊が出ると噂になり、家族のものがハブに嚙まれて死んだりと不幸な出来事が続き、一家離散の上、ついには没落してしまったという。

その後、名柄出身の歌人、奥宮嘉喜《おくみやかき》がカンテメの不幸な生涯のことを知り、唄に唄った。

それが今伝えられるカンテメ節である。

夕《ゆ》びがでぃ遊《あすぃ》だる　かんてぃむぃ姉小《あごくゎ》
明日《あちゃ》が宵《よね》なれば　後生《ごしょう》が道に御袖振《みそでふ》りゆり

昨日の夜まで共に遊んだカンテメ姉。
明日の夜になれば、後生（グソーともいう。あの世のこと）への道で袖を振って歩いている。

この話の恐ろしいのは、この唄が恐れられる所以がちゃんとあるところだ。
その後、この唄が作られて、いろんな宴会などで唄われるにつれ、その場にカンテメの幽霊が現れるようになったという。そのため、この唄は夜は決して唄われることがなくなってしまった。カンテメを呼ぶからである。

また恐ろしいことに、カンテメの幽霊は奄美大島はおろか、沖縄本島の名護や宮古島でも語り継がれ、そこに現れたという話が存在する。もはやカンテメは幽霊ではなく、マジムンなのである。

◆イマジョ

イマジョはケッケマッケ、カンテメと同じく、奄美の悲しい奴隷制度とユカリッチュ（貴族制度）から生まれた怪談である。

一般の農業従事者はジブンチュ（自分人）と呼ばれていたが、売買できる奴隷はヤンチュ、そして生涯奴隷の者、あるいはヤンチュ同士の子どもはヒダ（膝）と呼ばれていた。このイマジョ（今女）もそうした奴隷であった。イマジョの仕えていた主人は彼女の美しさに肉体的な愛を感じるようになっていたが、それが主人の本妻からすると嫉妬の対象になった。そのためイマジョは毎日のように殴られ、火箸を肌に直接押し当てられたりと凄惨ないじめを受けていた。

ある日、屈辱的な仕打ちに耐えかねたイマジョは、山の中に入り、首を吊り死んでしまう。彼女に愛着を感じていた主人は所有財産でもあるイマジョが行方不明になったことで大規模な捜索をするが、十五日後に山中で彼女の首を吊った無残な亡骸を発見する。

彼女の亡骸はすぐさま主人の管理する墓所に埋葬されるが、イマジョの兄妹たちは亡骸を自分たちの郷里に埋葬し直すよう提案した。だが主人はそれをかたくなに拒否した。理由は、もしイマジョの郷里に埋葬し直すと、彼女の全身に広がる虐待の痕が見つかってしまい、妻の行った虐待があらわになってしまうからであった。しかしイマジョの兄妹たちは墓所の番人を酔わせて彼女の亡骸を持ち出し、郷里の嘉鉄《かてつ》村に埋葬し直した。

その亡骸を見た身内の者は、身体中に刻まれた虐待の痕を見つけ、怒りと悲しみが湧き起こった。これは単なる自死ではなくて、虐待による殺人ではないのか？　忸怩たる思いの親族たちは、イマジョの墓所の敷地の中に、竹をさかさまにしたものを刺し、それが生長するにつけ、毎日のように竹を揺らしながら呪詛の言葉を呟いたという。

「お前はこんな目にあって、平気なのか。カタキを取れ。カタキを取れ」

すると身内たちの呪詛が届いたのか、主人のユカリッチュの家ではその後不可思議なことが起こり続け、所有している船が沈んだり、頭がおかしくなるものが出たりして、一人、また一人と亡くなっていき、やがてその血統の者はすべて廃れ、家系は完全に途絶えてしまったという。

恵原義盛氏の『奄美のケンモン』にはそのようなイマジョの悲しい逸話が書かれているが、その後、イマジョの亡霊は至る所で姿を現す。特に幕末から戦中までの間に頻繁に現れたという記録がある。(『南島研究第二十五号』)

イマジョは尻まで伸びた長い髪の毛を垂らし、たすきがけにした白い風呂敷を背負っているという。また家に現れたときは漬物でもてなすといい、帰った後には畳と畳の隙間に漬物が挟まっているという。また黒牛や子犬の姿をしているともいわれ、その名前を口にすると災いが起こるといわれている。現在でも嘉鉄《かてつ》村にはイマジョの墓所がひっそりと残っている。

第二章　島怪談ルポルタージュ　祝祭の島々——奄美群島

久田樹生（ひさだ・たつき）
一九七二年生まれ。映画、テレビ、ラジオ作品などのノベライズ、実録怪異ルポなど多方面で活躍中。代表作に『忌怪島〈小説版〉』、『犬鳴村〈小説版〉』『樹海村〈小説版〉』『牛首村〈小説版〉』の東映「村」シリーズ、「ザンビ〈小説版〉」、ご当地怪異譚集『仙台怪談』などがある。

日本は島国である。


古来の美称として〈八島国《やしまぐに》・八洲国《やしまぐに》〉がある。

伊邪那岐神《いざなぎのかみ》、伊邪那美神《いざなみのかみ》の神々が産んだ八つの島から名付けられた。

八は神聖なる数であると同時に、たくさん、を示す。

いわば多くの島から成る国、イコール八島国・八洲国なのだ。


そんな島国日本だが、国土地理院が二〇二三年に〈最新の地図データを用い、一定の条件下で数えた日本の島々の正式な数は、一万千四百二十五島となった〉ことを発表した。

三十六年ぶりの再集計だったが、元々の六千八百二十五島より二倍近くの増加である。

増えた理由は測量技術の進歩が大きいようだ。

同時に、八島国・八洲国——多くの島から成る国・日本の意味を思い出させられる。

中でも長崎県、北海道、鹿児島県、岩手県、沖縄県の順に島の数は多いという。
特に長崎県から鹿児島県までの上位三地域は、それぞれ島の数が優に四桁を超える。
長崎県は九十九島を始めとする大小の島々の多さから、当然といえよう。
北海道も然もありなん、だ。
では三番手の鹿児島県はどうなのだろう？
鹿児島県には獅子島、桂島、甑島《こしきしま》列島、種子島、屋久島、口永良部島《くちのえらぶじま》、三島《みしま》、十島《としま》
……数々の島々が存在している。
近年はドラマの影響もあり、奄美群島が観光地として人気が高い。
奄美群島の有人島は奄美大島、喜界島、加計呂麻島、請島《うけじま》、与路島《よろしま》、徳之島、沖永良《おきのえら》
部島《ぶじま》、与論島の八つである（因みにトカラ列島を加えると、奄美地方になる）。
この八つの島の総人口は約十万人となっている。
一市九町二村があり、年の平均気温は二十一度前後で、亜熱帯気候だ。
北東部の島々は急峻な地形であり、海岸線も複雑な線を描く。
南西部の島々は逆に地形が平坦で、僅かな河川がある。
一番大きな面積を持つのは奄美大島で、最小は与路島だ。
琉球文化と本土文化が入り交じっているが、島ごとに方言に差異がある。

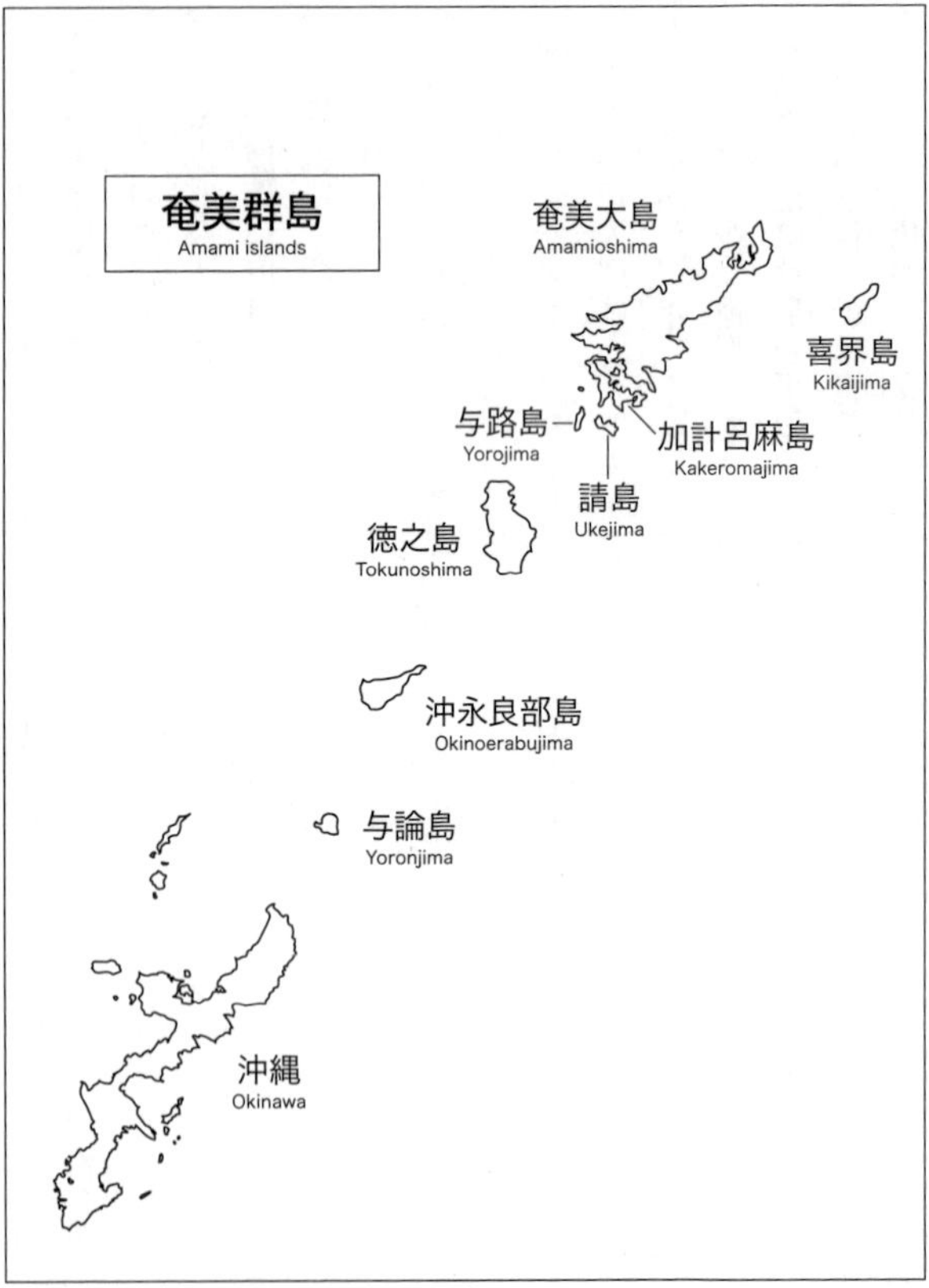
奄美群島
Amami islands
奄美大島
Amamioshima
喜界島
Kikaijima
与路島
Yorojima
加計呂麻島
Kakeromajima
請島
Ukejima
徳之島
Tokunoshima
沖永良部島
Okinoerabujima
与論島
Yoronjima
沖縄
Okinawa

この辺りはこれまで歩んできた歴史が関係するのだろう。
しかし、奄美群島を構成するのは八つの島。
偶然とはいえ、八島国・八洲国を思わせる数で興味深い。

奄美の語源とは

奄美大島を始めとした群島は、どこも自然に恵まれている。
飛行機、あるいは船から降りた瞬間に「南の島へやってきた！」と感じるだろう。
空や海の色、風の匂い、肌触り、すべてが違う。
亜熱帯海洋性気候のお陰で、過ごしやすいのも特筆すべき点だ。
この島々を示す奄美群島、奄美大島の「奄美」はどこからやってきたのだろう。
最初に「あまみ」の名が公的な書物に記されたのは、日本書紀である。
六五七年の項に、海見嶋、と記載された。
では奄美の文字が使われた記録はどれか。
続日本紀の七四年の項に〈奄美〉と出てくる。

とはいえ、以降も違う文字で記載は続けられた。雨見、阿麻弥などだ。これらの文字を当てたのは奄美文化圏以外の人間であったようだ。

大事なのは〈あまみ〉という音韻であることだろう。

しかしどこから発生したのだろうか。

一説によれば、国作り神話に出てくる「阿麻弥姑《アマミコ》」の名から取ったとも伝えられている。

◆奄美の国作り神話

——原初の頃、島はただの浮島に過ぎなかった。

天帝は阿麻弥姑という女神と志仁礼久《シレニク》という男神に命じる。

〈この島を修理せよ〉と。

二人の神は天より降臨してきたが、海が荒れているせいで止《とど》まることができない。

仕方なく再び天へ昇り、土や石を運び入れた。

土台を作り上げると今度は草木を天より下ろし、波を防いだ。

そして漸く島を作ることができた。

その後、阿麻弥姑と志仁礼久は三男二女を産んだ。

長男は「天孫子《アマミコ》」。国王の始まりである。

次男は「按司《アジ》」で、地域の支配者の始まり。

三男は庶民の始まり。

長女は君ギミとなり、王宮で神事を司る職の始まり。

次女はノロで、王宮外の地方で神事を執り行う職の始めとなった。

これで世の中は落ち着いた、という。


だが、この神話は奄美現地より琉球に多く残っている。

各神々の名称や役割を見ていくと、やはり琉球文化圏の影響が強い。

思い返せば、奄美の伝承には更にニライカナイ・ネリヤカナヤという異界も存在する。

これは海の彼方、あるいは海や地の底にあると伝えられる神々が住む異境である。琉球では、ここから〈アマミキヨ（!）〉という神が渡ってきて、国作りを始めたという神話が残る。

アマミコとアマミキヨ。そして国作りの神話の類似性。

だとするなら、奄美の語源と伝えられるアマミコは、本当に〈あまみ〉の音のもとだったのだろうか。

考えれば考えるほど、〈あまみ〉の音が意味するものははっきりしない。

ただし現地を訪れると、とある印象を強く抱く。

よく晴れた日、蒼い空と碧い海が遠くまで広がる景色を見つめていると「あま」の古語が浮かんでくるのだ。

古語で〈あま〉は海人、海士などの海に関するもの。

また別では、天を指す。

加えて〈み〉は美しい、立派に、などの意味と共に語調を整えるときに使う。

と、同時に海も示す。

当然これらの古語も日本書紀などに出てくるので、純然たる奄美の語源ではないだろう。

誤解を恐れずにいえば、奄美の表記は海見や雨見などではなかったのではないかと思う。

たとえるなら、烏《う》丸《がん》鮮《せん》卑《び》東《とう》夷《い》伝《でん》倭《わ》人条《じんじょう》——魏志倭人伝で記された日本の地名表記の関係にに近しいのではないか？

元々あった〈あまみ〉に近い現地の地名発音を、漢字に置き換えた、だ。

だとすれば、あまみの音韻は違っていたかもしれない。

当然、別の神話や信仰も存在していたが、外部から上書きされた可能性もある。

奄美群島全体を見るなら、約三万年前から人は居住していた。奄美大島だと旧石器時代から縄文時代前期の遺跡も存在しており、独自の文化を形成していた可能性は高い。

古代、島に住んでいた者がこの島を元々何と呼び、何と表記していたのか。

謎は今も残る。

奄美大島の祭礼、そしてユタ

奄美大島には独特の祭礼が存在する。

たとえばミハチガツ（三八月）は奄美の秋の祭事だ。

旧暦八月の最初の丙《ひのえ》の日のアラセツ（新節）、アラセツから一週間後の壬《みずのえ》の日のシバサシ、シバサシ後の甲子《きのえね》の日のドゥンガこの三つを指す（シバサシには膳に藁人形が添えられる。ウシュッグゥとも呼ばれるが、縁遠い叔父さん、お祖父さんを意味する。因みにアラセツ、シバサシは夏正月ともいわれる）。

このアラセツとシバサシの間に行われるのがキトバレ踊りだが、これは〈祈禱祓い〉が短くされたものである。キトバレ踊りは集落の皆が輪になり、唄い踊りながら各家を回っていくもので、その名の通り厄祓いの踊りになる。

他、旧暦八月初丙の日のアラセツにシッチョガマ（節屋穴）、平瀬マンカイという豊年祭を行うものもある。稲霊である山と海の神様を招き、来期の稲の豊作を祈願するのだ。

朝はシッチョガマ、夕に平瀬マンカイの二つに分けて行われる。

他にも様々な祭礼が存在するが、基本的に旧暦で時期が決まっている。

奄美は今も旧暦で祭礼を行っているのだ。

さて、キトバレ——祈禱祓いを目にすると、奄美のユタ・ユタ神を思い浮かべる方がいらっしゃるかもしれない。

ユタ。ユタ神。

この名を耳にすれば、沖縄県を思い出す向きも多いだろう。

ユタとは〈よく喋る（ユタ口）（ユタユン）〉から来ている。

神ダーリ（ダーリとは憑かれる、あるいは疲れるが語源）した際、あらぬことをしきりに口走る様が、よく喋る＝ユタ口＝ユタになったのだ。

ただし、ユタは沖縄だけではない。奄美にも存在する。

ユタ、ユタ神は民間霊媒師・シャーマンである。

俗にいう霊的問題関連に対する助言や解決を行うのが仕事だ。

シマ《村落》や家、人単位の運勢《ウンチ》、吉凶判断《ハンジ》、除災《ハレー》、病の平癒祈願《ウグワン》、死者のための儀礼・供養なども行う。

ユタが民間霊媒師であるなら、国から任じられる神職も存在する。

ノロである。

祝女《ノロ》は琉球神道の女性祭司だ。決まった家、ノロ殿地《ドゥンチ》から出るという。

琉球王国、聞得大君《チフィウフジン》を頂点とする神女組織に属する。

御嶽《ウタキ》、グスクなどの聖地、御願所《ウグワンジョ》、拝所《ウガンジュ》にて、村落を始めとした共同体の祈願行事、国家行事の司祭を行う。

奄美にもノロは存在している。

奄美のノロ頭は大あんしゃりと称する。

琉球王府より渡されたノロの辞令書（承認書）は十通残っているが、そのうち六通は奄美にある。

このユタとノロが薩摩藩の時代に弾圧されたという話がある。

神女たるノロの場合は、国と密接に繋がり政治的に力を持っていたからともいわれる。

当然ユタも弾圧の対象になった。どちらも薩摩藩からすると目の上の……ということなのだろう（とはいえ、激しい弾圧ではなく、祭司関連を始めとした経費削減を指示しただけで、ノロたちを否定したわけではなかった、という説もある）。

警察に密告してユタを牢に入れた人物の家が祟られた、という話も残っている。

然もありなんといえようか。

因みに奄美大島では、僧侶よりユタの数が多いといわれる。

明治時代の廃仏毀釈でほとんどの寺院が破壊されたことが原因だ。

ユタは各集落に一人はいる、ということで現在も日常に溶け込んでいる。

奄美はユタとノロがそれぞれの役割で神に祈り、護る島、なのかもしれない。

もし奄美大島に足を運ぶことがあれば、一度ユタを訪ねてみては如何だろうか？

その際は、予約と粗塩、小さな焼酎とタバコ、謝礼が必須なのでお忘れなきよう。

ここで奄美のユタの話を一つ記そう。

十数年前の話になる。

——ある女性が奄美大島を訪れた。

関東から友人女性と二人での観光だったが、到着初日から体調を悪くした。食べても飲んでも吐き下しをする。当然、外を出歩く気力もない。

しかしせっかく来たのだ、勿体ないと無理矢理出かけたときだった。

午後になってすぐ雨が降った。奄美は雨が多い地域だから、当然といえば当然の天候だ。雨宿りしていると、向こうから傘を差した老女がやってくる。

その老女は彼女たちを一瞥するなり、声を掛けてきた。

自分の家に来い、ついてこいというのだ。

怪しさに途惑ったが、何故か（この人なら大丈夫）と確信し、友人を引っ張るようにして老女の家を訪れた。

側に小さな鳥居が建っていた。中へ案内されるとソファや座布団が用意された小部屋がある。友人はそこで待てと言われ、女性だけが隣の部屋へ誘われた。

そこは祭壇が設えられており、各種お供え物が並んでいる。

老女がユタだと気づくのに時間はかからなかった。

元々ユタさんを訪ねようと友人と二人で決めていたから、それなりに知識があったのだ。

ただ、体調不良で探す元気がなかった。

女性を座らせると、ユタは立て板に水のように話し始める。

個人的なことを言い当てることもあったが、覚えのないこともあった。

しかし、ユタの言葉を耳にしているうち、身体が熱くなり、涙が溢れていく。

感情と乖離しており、戸惑う他ない。

どれくらいの時間が過ぎたかわからないが、途中、ユタが祝詞《のりと》のようなものを唱えた。

自然に涙が引いていく。

そして最後に「ありがとうありがとう。本土から連れてきてくれた」と頭を下げられた。

何を連れてきたのか、何故お礼を言われたのかわからない。訊いても答えてくれることなく、友人と入れ替われと命じられた。


ユタの家を辞して腕時計を見ると、午後三時過ぎだった。

二時間ほどの滞在だったようだ。

外へ出る前から感じていたが、あれだけ悪かった体調はすっかり良くなっていた。

これなら観光地へ行ける、と歩きながら友人と話す。

会話はすぐにユタのことになった。

何があったか教えると、友人は驚いた様子だ。特に涙が止まらない部分と、最後の「ありがとう、連れてきてくれた」の段で目を丸くしている。

「でも、体調が良くなったのはユタさんのパワーのお陰かもよ」

そんな意見に頷いていると、友人は「私は個人的なことを言い当てられたが、違うこともあった」と笑う。

「そうだったんだ。でも、結構音漏れあったから、何を話しているか丸聞こえだったよ。プライバシー的にどうかなぁと思ったけど」

こんな風に伝えると、友人は否定を露わにする。

「そんなことなかったよ。祭壇の部屋からあなたの声もユタさんの声も、まったく聞こえなかった。静かすぎて大丈夫なのかと思った」

お互いに齟齬がある。

女性とユタの会話は友人に聞こえず、友人とユタの会話は女性に筒抜けだった。

一体何だろうねと意見を出し合うが、当然理由はわからない。

話題を変えるように、友人はユタの言葉を出してきた。アンタは近々、いい人に出会う。問題は〈会った瞬間嫌いだと思うが、それを我慢しろ〉という内容だ。

確かにそんな話だったね、聞こえていたよと答えながら、ふと気づく。

（あ。私、そんなのは一切なかった）

そもそも悩みを打ち明けたり、回答を求めてもいない。完全に忘れていた。

「おかしいね。最初からユタさんに誘われたり、変だったね」

二人は首を傾げるだけだった。


奄美から戻り一年も経たないうちに、友人に恋人ができた。

曰く「第一印象が最悪で、嫌いなタイプ」だ。元々彼女はスポーツが好きで痩せた男性を好んでいたが、恋人は小肥りで運動が嫌いなタイプだった。


あの日から五年後、再び奄美を訪れたが、あのユタの家は見つけられなかった。

似た家はあったのだが、鳥居もなく、人も住んでいなかったという——。

シマとは

奄美では集落を〈シマ〉と称する。

奄美群島の民謡・島唄の島もまた、シマである。シマの唄、というわけだ。

シマはシマごとに方言や決まり事、習俗が違う。前述の祭礼もまた、各シマで相違点があるのだが、それもまた当然なのだ。

このシマは基本的に〈山を背後に、集落の中心に川が流れた、海に面した場所〉になっている。山は神山とされ、海と共に神の住まう場所だ。人間は山と海の合間、僅かな場所にだけ集落を作り、住むことを許されている。その集落も神道（カミミチ・神が山から下りてくる道。あるいはノロが祭事のとき通る道）が通っており、決して塞いではならない。このカミミチで神を目撃した、不可思議なものを目にしたなどという話もある。

島及びシマで唄われる唄を島唄という。

基本的に島唄の伴奏は三線で行われる。

三線とは蛇皮線《じゃびせん》ともいい、蛇皮を張った三味線に似た楽器だ。

島唄は民謡といわれているが、反面、呪歌としての側面もある。

逆歌（サカ歌）だ。唄に呪いの意味を込めて唄うのだ。

呪術的力がある音楽や音は世界の至る所に見つけられる。この逆歌もまた、音の力と言の葉の力で呪をかける、ということだろう。

もちろん遊び歌、祝い歌、教訓歌としても歌われる、奄美大島の人たちにとって大事な歌であることに間違いはない。

マジムン、ケンムン

マジムンとは奄美、沖縄でいうところの〈悪霊・妖怪〉である。

人を害するものが多く、人や動物、無機物が化けたものがあまた存在する。

海で亡くなった霊はモーレイ。大きな犬の姿で現れるインマオウ（閻魔王の変化。ただし、インを犬とすれば犬魔王になる）は、人の死を告げる。

奄美では蛇のハブもマジムン、あるいはマズィムンと称するが、悪霊というより神の使いとして敬われる。マジムンの中では唯一、誰しも目にできるマジムンである。


他、有名どころだと豚のマジムンだろうか。

奄美には沖縄のマジムンに似た、片耳豚（カタキラウヮ）、耳無豚（ミンキラウヮ）、片眼豚（ムティチゴロ）などの豚妖怪が存在する。

女性が一人か二人で連れ立っていると現れやすいという。

これらは人の股をくぐるが、くぐられた人は魂を抜かれて死ぬ、性器が傷つけられ腑抜けになってしまうという恐ろしい妖怪だ。

この豚妖怪は、光を当てると影ができない。これで見分けられる。

もし出会ってしまっても足を交差すれば防ぐことが可能だ。


更に奄美にはケンムン（ケンモン）という妖怪が存在している。

化の物が訛った言葉で、得体の知れない霊的存在だ。

一説によれば、出身は南洋のジャワ島で、奄美までやってきたという。

奄美の人の中にはケンムンを呼び出し、子どもたちに見せていた人もいる。

このケンムン、河童、更に沖縄の木の精霊・キジムナーに似た妖怪ともいわれるが、ケンムンは水の精霊であり、木の精霊である。

ガジュマルの木に住み、人助けをしたり、イタズラをしたりするが、住処であるガジュマルを伐ると祟る。祟られた人間は目が腫れ、失明寸前になる。

更に、死に至らせるものもいたようだ。

それを裏付ける逸話が残っている。


――GHQに命じられて、戦後の奄美に仮刑務所を建てた。

材木として多くのガジュマルが伐られた。住処を奪われ数が減ったせいなのか。ケンムンの姿を見ることが少なくなった。

従事していた島民はケンムンの祟りを恐れたが、伐らぬわけにもいかない。

そこでこの仕事の責任者が「お前たちが悪いのではない。マッカーサーが悪いのだ。だから祟られることはないのだ」と助言した。

そこで木を伐るときはこんなことを叫んだという。

〈マッカーサーの命令だ！〉

マッカーサーは連合国軍最高司令官、いわゆるGHQの最高責任者である。

何ケ月か経ち、マッカーサーが没した。

人々は口々に噂し合った。

〈ケンムンがマッカーサーに祟ったのだ〉と。

その後、奄美では再びケンムンの数が増えた。

アメリカへ祟りに行っていたケンムンが戻ってきたのだと、皆噂し合った――。

こんな奄美の妖怪ケンムンについて、書き残した人物がいる。

薩摩藩の上級藩士、名越左源太である。

彼がお家騒動で奄美に流された際、計五冊の図入りの地誌をしたためた。これらを総じて『南島雑話』と呼ぶ。

この南島雑話の一冊に不可思議なものの逸話がまとめられた。人魚や死霊の話などだ。ここにケンモンという名で、ケンムンのことも記載されている。残された図ではほぼ河童のような描写がされている。頭に皿、背中に甲羅のある子どものような姿だ。「カワタロ、ヤマワロ」の文字も見え、明らかに河童の眷属としか思えない。どうも本土の河童伝承と融合してしまった節がある。このあたりは、また奄美の歴史が関係しているのだろう。

そもそもケンムンには「河童的要素が強いもの」「樹霊・樹木信仰が強いもの」などが存在する。考えてみれば〈ケンムンに祟られたら、ガジュマルの木に左巻で縄を巻く〉対処法が存在しているから、ケンムン伝承は樹木信仰から始まっているのではないだろうか。

また、地域によってケンムンの性格に差異がある。

特に加計呂麻島と徳之島のケンムンは祟りの質からして、荒々しい。この二島のケンムンは、樹木信仰が色濃く出ているように感じられる。

ケンムン（ケンモン）の近しい存在に「宇婆《うば》」という妖怪もいる。

外見はほぼケンムンであり、南島雑話では「ケンモンの類」だと明記されるほどだ。

宇婆は人を山で惑わせたり、後ろから「ウイ」と声を掛けてくる。声を掛けられた際、振り向いても誰もいない。また前を向くと「ウイ」と呼ばれる。振り返るといない。これを繰り返すのだが、このことを奄美では〈宇婆が「ウイ」と後ろから声を掛けるから〉ウバトウイと呼ぶ。

ここまで書いてきたが、ケンムンは奄美大島の妖怪として有名であるから、ここではあまり多くを語らずともよいだろう。

代わりに、某所で聞いた話を残しておこう。


――種子島出身の女性がいた。

名を加奈という。

加奈はのちに福岡県に移り住み、そこで看護師になった。

病院に勤め出して十年ほど経ち、長年付き合っていた男性と結婚した。

予てから予定していたイタリアへの新婚旅行を終え、福岡へ戻ったときだ。

種子島の両親から連絡が入った。

「加奈、旦那さん連れて一度帰ってくれば？」

式と披露宴は福岡でしてしまったので、種子島にいる一部親族にはまだ顔合わせが済んでいなかった。

海外旅行から帰って間もない。疲れもあるのでなかなか難しい。そのうちねと伝えると、母親はとても残念そうだった。


ところが一ヶ月も経たないうちに、夫が奄美大島へ行かなくてはならなくなった。

とある企業の現場へ入るためだ。

福岡から飛行機で奄美へ入った後、夫から『いいところだ』と連絡が入った。普段、そんな連絡をするタイプではないから驚いた。

考えてみれば彼は種子島はおろか、屋久島、奄美大島、沖縄など国内の島に行ったことがない。余程奄美大島が良いところで興奮したのだろうと思わず笑ってしまった。

その日以来、夫から携帯に通話アプリのトークがよく送られてくるようになった。

内容は奄美大島の話がメインだ。

何を食べた、仕事で訪れた場所が面白かったなどの雑談である。

そんな夫のトークを微笑ましく見ていた。

夫が奄美大島へ旅立って三日目だった。
夜勤中、休憩時間にスマートフォンをチェックした。夫からトークが入っていた。
長かったが、大体、こんな内容だった。

『夕方、現場入りしたときに食べるおにぎりと飲み物を買った。
ノンビリ戻ってみると、ガジュマルの木があった。
枝の下へ行くと、裸の小学生が登っていて驚いた。
男の子で、黒い短パンだった。
声を掛けてみたが恥ずかしいのか逃げられた。
でもその後、買ったはずのおにぎりが一つ足りなくなっていた。
現場にいた奄美出身の人に話したら、ケンムンの仕業と言われた。
ケンムンは妖怪で河童みたいなのだと聞いた。
ガジュマルの子どもがケンムンで、それがおにぎりを食べたのだと。
信じてないけど面白いと思った』

昔話か！　でも面白いね、島らしいね、と返しておいた。

ところが翌日、夜勤上がりにまた連絡が入っていた。

『昨日、夢にあのガジュマルの男の子が出てきた。奥さんと種子島へ行け。大島から出たら、行くことになる。だから行け。

って真剣に言うんだけど、さすがに何か気になるので戻ったら種子島行かない？』

夢程度でと思ったが、まあそう言うならと、加奈さんは了承した。

夫が戻った日、種子島の父親から連絡が入った。

『飛行機代を現金書留で送ったから、それで二人でおいで。お母さんも楽しみにしてるから。あと、お土産は福岡のものがいい』

夫の顔が青ざめた。夢の男の子の〈大島から出たら、行くことになる〉を思い出したからだった。加奈さんも偶然に驚いた。

夫の休みと照らし合わせると、偶然だが翌週の土日が狙ったように空いていた。

両親の厚意に甘え、二人で種子島を訪れた。

父親も母親もとても喜んでくれる。島の親族はどうする？　と訊けば、滞在日数も少ないのだから四人だけで過ごそうと母親が言うので、その提案に乗った。
だが、日曜の朝、加奈さんの母親は帰らぬ人になった。
ベッドの中で微笑むような顔で亡くなっていたのだ。
死因は心臓だったが、母親に持病はなかった。
「最後、加奈に会えたのだけが幸いだ」
そう言って泣く父親と葬儀を出した。

あの夢を見てくれたから最後にお母さんと会えたのかな、と夫に話すことがある。
彼は「わからないけど、死に際に会えるより、お母さんが長生きしてくれるほうが良かったと思う。孫もまだ見せられてないんだから」と悔しそうに返すのが常だ。

あの日、夫が見たのがケンムンなのか誰にもわからない。
ただ、夫は子どもを見、おにぎりを一つなくし、夢を見た。
そして種子島へ帰った翌日、母親が息を引き取った。
ただそれだけの話である——。

因みにケンムンは太く立派なガジュマルに住むという。

もしケンムンを探すなら、そんなガジュマルを目指してみては如何だろうか。

石敢當

奄美群島及び沖縄には石敢當という石碑が多くある。

石敢當とは、簡単にいえば魔除けの石である。

表面に〈石敢當〉と彫られた石碑・石標で、丁字路などに置かれる。

読み方は、いしがんとう、いしがんどう、せきかんとう、せっかんとうになる。

性格的に道祖神（道を守護する神。あるいは村などの入り口に立ち、集落を護る神）だろうか。

前述の通り、沖縄本島、その周辺諸島に数多く点在しているが、鹿児島県の薩南諸島及び奄美群島、宮崎県、大分県、秋田県、徳島県、大阪府などにも存在する。

石敢當の別名は「返し石（ケーシイシ）」「ケーシー」「マジムンパレーイシ（魔除け祓い石。喜界島）」「足払い（アシハンシ。八重山列島）」。

これらの名の通り、マジムン（悪霊）を退け、侵入を防ぐ力がある。

マジムンは直進しかできないので、丁字路や三叉路などに石敢當を置いて、やってきたマジムンを粉砕するのだ。

形や大きさは様々で、コンクリートの壁に〈石敢當〉と書いたものも存在する。

石敢當の表記は紀元前四〇年の前漢の頃に登場する。

石敢當と記されているが、これは〈當《あ》たるところ敵無きを言うなり〉の意だ。

唐代以降は人名とされ、呉の民家や突き当たりに人の形をした石碑を置き、そこに石敢當と記すことで厄除としたのだ。

これを石敢當の語源だとする説もあるが、古代の力士や石神信仰にそれを求める向きもある。


ところで奄美には一風変わった石敢當が存在する。

九字の刻まれた石敢當で〈臨兵闘者 皆陣列在前〉と刻まれている。

喜界島や徳之島の他、トカラ列島の悪石島にも二基確認された。

この九字石敢當は南九州の修験道の影響であるといわれる。

古来より石には強大な力があると伝えられている。
石敢當がマジムンを砕くのは当然といえるのかもしれない。

奄美の階層制度

奄美が薩摩藩直轄領になった後である。

年貢としてサトウキビ、砂糖（黒糖）を納めるよう藩から命じられた。いわゆる「換糖上納制」であり、年貢を黒砂糖で納めよとなった。更に奄美大島、徳之島、喜界島の三島で薩摩藩による砂糖の買い上げも始まる。ただし、島側の人間に砂糖の売り買いは禁じられてしまった。

要するに、年貢も黒糖、生きるための物資の交換も黒糖のみで行うことになる。黒糖がなければ如何ともしがたい状況に陥った。

結果、年貢を納められず身売りする農民もいたという。

この頃、薩摩藩は奄美の民すべてを〈百姓〉身分と定めた。

百姓の中にも階層があり、由緒人（ユカリッチュ・ユハリッチュ）、自分人（ジブンチュ）、家人（ヤンチュ）の三つに分かれていた。

由緒人は琉球王府から派遣された後に根付いた役員や奄美出身で役人となった家、薩摩藩に協力する名家（衆達。シュウタ）として取り立てられた人である。いわば、島役人であり、特権階級であった。

ヤンチュは借金で由縁人に身売りした人、債務奴隷になる。

自分人は由緒人でもヤンチュでもない、一般的な農民だ。


ヤンチュの服は、一年に一着程度の着物（キパダ）が主家から支給された。

着替える分はなく、破れたら補修して着る他ない。

着物は芭蕉布（バシャー）や木綿の布で作られた粗末なもので、衽《おくみ》（前身頃に縫い付ける細長い布）がない。衽がない粗末な着物を着なくてはならないヤンチュは哀れだ、という唄も存在する。

無地の着物もあるが、赤と紺の縦縞など、柄入りもあった。主家がヤンチュに渡す着物を赤く染め抜いて渡した記録も存在する。

更に家人は帯や履き物を着けることを禁じられており、紐を帯代わりにし裸足で歩いた。南島雑話にも図絵として残っている。当時のヤンチュの姿が偲ばれる記録だ。

芭蕉布の話が出たので、大島紬にも触れねばなるまい。

大島紬は世界三大織物とされる。絹を植物や土などで染め上げた織物である。

芭蕉布と共に薩摩藩への上納品となったが、その価値の高さから大島の紬は〈紬着用禁止令〉が島民に出された歴史もある。

さて、ヤンチュに話を戻そう。

ヤンチュは集落の寄り合いには参加することを憚られていた。

祭りはその限りではない。踊り楽しむ権利はあった。加えて普通の農民の自分人よりヤンチュのほうが大きな顔をしており、よく争い事が起こっていたようだ。

またヤンチュは貞操観念が低く、彼らの性は刹那的であった。先の見えない、生きる意義すら見出せないと言われた彼らは、性的快楽に頼る他なかったのだろうか。

当然、ヤンチュは婚姻を結ばずに子を成すことも多い。

生まれた子どもは「膝素立ち《ひざすだ》」「膝生《ひざおい》」「膝」と呼ばれており、主家が引き取る。この子らは労働力になるから、主人たちはヤンチュ同士の子作りを推奨していた。

また、女性ヤンチュは夜になると春をひさぐ者もおり、最終的にマワリゾレ（マワリズレ、乞食）となってしまう者もいた。

こうやって見ていくと、ヤンチュはある程度自由があったように思える。

だが、それでもヤンチュは由緒人には絶対服従だった。

時には主人の要請に応じ、ヤンチュが肉体を差し出すのは当たり前だとすら思われていた、と書けばその程度がわかるだろうか。また、死しても墓は作られない。

この奄美の階層制度は、数多くの悲劇を生む。

債務奴隷の悲劇、イマジョ

昔日（江戸時代）、奄美の西間切小名瀬《にしまぎりこなぜ》（瀬戸内町小名瀬）にイマジョ（今女、イマジョウ）というヤンチュがいた。

イマジョをヤンチュにしたのは、東間切（瀬戸内町）嘉鉄の豪農だ。

イマジョはとても美しく、主人から寵愛を受けた。が、それが正妻の怒りを買う。ひどい折檻を正妻から繰り返し受けた。

イマジョを助ける者は誰一人いない。凄惨な私刑により彼女は死んでしまった（一説には〈イマジョは逃げ出し、首を括って死んだ〉とも）。

これでは主家の名に傷が付いてしまう。主家はイマジョの実家に彼女が急病になって息を引き取ったと伝えた。遺体は裏山へ埋め、隠蔽したのである。

ところが同じ場所に住むヤンチュたちにより、イマジョの死は責め苦によるものだと外部へ漏れてしまう。当然、彼女の実家は遺体を返却せよと要求するが、主家は首を縦に振らない。そればかりか嘉鉄集落の入り口を封鎖する騒ぎへ発展する。

イマジョの実家である小名瀬側は海側と陸側に人を送り、警戒を分散させ、その隙を突き遺体を取り戻した。その骸は目を覆うほど酷い状態だった。

実家の人間たちは、彼女を埋葬した上から根なし竹を逆さに差し込み、それを揺すりながら「奴等を呪って仇を取れ、恨みを晴らせ」と繰り返す。

生えないはずの根がその竹に張る頃、イマジョは化けて出て、主家へ復讐を開始する。みずぼらしい着物に風呂敷を抱えた彼女が主家の軒下に立つ。

雨も降らないのに、主家の庭に血の海ができる。

主家の人間は自死や発狂が立て続けに起こり、ほとんどが死滅した。

これで終わりかと思えばそうではなく、ついにはイマジョは実家の血筋にすら祟り始めた。これによりイマジョの親族のほとんどは死に絶えたという。

イマジョは幽霊と化し、今も現れることがある。

生前の美しい姿のまま、美しい髪を尻まで伸ばし、大きな白い風呂敷を背負っているようだ。風呂敷は斜めに背負い、脇の下で結んでいるときもある。

見た目、生きている人間と同じであり、死者であると思えないほどと伝えられている。

これが奄美に伝わるイマジョ伝承である。

細部が違う話が存在するが、基本は「ヤンチュの美しいイマジョが主人に見初められたが、その正妻から恨まれ、いびり殺される。のちにイマジョの親族が遺体を取り返し、主人一家へ呪いを掛ける。主人たちは変死。イマジョは美しい幽霊として現れる」形だ。中にはイマジョがどのような（尊厳を破壊されるような）折檻を受けたか、イマジョの親族が主人たちにどう呪詛を掛けたかの詳細が表現されたものもあった。

更に、イマジョが幽霊となった後、奄美には後日談的な話も伝わっている。

〈イマジョの怨霊はよく人の家を訪ね、お茶を飲む。漬け物を出すと口にした。立ち去った後に畳の縁の間に、食べたはずの漬け物が挟まって残されていた。イマジョは家を去るとき「私は嘉鉄へ行くのです」と必ず話した〉

〈古仁屋《こにや》から嘉鉄に帰る際、黒い牛に追われたと訴える人がいた。実は牛もイマジョの怨霊だと信じられているのだ。そんな牛に追いかけられたときは、そのまま自宅へ入っては

ならない。シマ〈村落、集落〉の中を回り「わんはイナびきどー」と唱える。すると牛のイマジョは消える〉

〈戦前、台湾での披露宴に現れた。花嫁の席に、気づかぬうちにイマジョが座っている。皆が息を呑んだ瞬間、その姿は消えた。この披露宴の主役であった花嫁は、のちに病気になり亡くなった。花嫁は主家の縁故者であった〉

〈徴兵検査の帰りだった。イマジョの怨霊に追いかけられた。姿はきれいな女で、尻に届くほどの長い髪をしている。更に白い風呂敷を斜めに背負い、脇の下で締めていた。終戦になる少し前までは出ていたが、時代が進み、自動車が多くなった頃には出なくなった〉

〈かと思えば、一九七〇年、古仁屋行きの路線バスに風呂敷包みを抱きかかえた姿で乗り込んでいるのを、乗客皆が目撃した。が、気づかぬうちに姿が消えている。何度も繰り返されるので、古仁屋のイマジョとして有名になった〉

〈一九七五年あたりには、タクシーや一般の車にイマジョが乗り込んでは消える事例が発

生している。古仁屋から名瀬ルートに出現していたので、また古仁屋のイマジョが出たと恐れ戦いた〉

もしイマジョに出会ったら〈わんな嘉びきどー〉と言うべし。

自分は嘉家の親戚だと言えば、それはまじないとなり、祟らないという。

嘉家の人は生前のイマジョを殊更可愛がっていたからだ。

ただし、イマジョによくしてやっていたのはこの嘉家ではなく、義原家であるという説も存在する。また黒牛のイマジョを退散させるのは〈わんはイナびきどー〉も同じような意味があるだろうことは想像に難くない。

このイマジョに類似する伝承が他にもある。

かんつめの話だ。

かんつめに登場する女性の名だが、「かんてぃめぃ」「かんてぃむぃ」とも言う。

薩摩藩政時代、奄美大島の焼内間切《やきうちまぎり》（宇検村）に〈かんつめ〉という美しい娘がいた。

歳は十八だったが、実家が貧しいせいで彼女は隣村の名柄《ながら》にいる豪農へ売られた。

ヤンチュとなったかんつめであったが、豪農の主人がその美しさに目をつける。妾にしてやろうと画策する中、久慈（瀬戸内町）の役所に勤務する書記の若者・岩加那《イワカナ》は豪農の宴でかんつめと出会う。

三線の名手である岩加那と、唄の上手なかんつめが演奏と唄の掛け合いをするうち、二人は恋に落ちた。

夜になると二人は名柄と久慈の間の佐念山で逢い引きを繰り返す。

これを知った豪農の主人はかんつめを捕らえ、虐待を行った。それは凄惨を極めるものだった。かんつめを穢し、その女陰を焼け火箸で焼いた。

かんつめは世を儚み、佐念山で首を吊り、自死。

彼女の死後、豪農の家は親族一同変死が相次ぎ、没落した。

身分違いの悲恋だが、イマジョの伝承にかなり近い。

この悲しきかんつめの伝承は唄になった。

夜に唄うとかんつめが現れるという島唄だ。この歌詞や伝承の周辺には様々な俗説が入り交じっている。が、かんつめの実在は疑うところがない。親類筋が残っており、更にかんつめの墓もある。

ところがイマジョは唄になっていなかった。

いや、できなかったのだ。

そもそもイマジョと口にするのは憚られ、その名を呼ぶことが禁忌とされている。一説によれば「今もイマジョの呪詛は続いている」と恐れられているからである。

そもそもイマジョは祓うことすらできない。

何故なら、イマジョを除霊可能なのは彼女の関係者だけであるが、今となってはそんな人物はいない。第三者による除霊はたとえユタやノロであっても意味を成さないのである。

しかし一九九〇年に奄美民謡の大御所・坪山豊氏により、イマジョは唄になる。

タイトルは「眠れよ　イマジョ」だ。優しく語りかける、鎮魂歌である。

ところが発表の許可を取ろうと奄美・瀬戸内町文化協会長へ話したところ、今でもイマジョの祟りがあるのに、と断られた。

そう。前述の通り、イマジョの祟り、呪いは生きている。実は筆者もそれらしきことがあったが、それは別の機会に譲ろう。

ともあれ、この唄は無事に坪山豊氏のアルバムに収録されている。

「眠れよ　イマジョ」はイマジョの呪詛を免れたといえよう。一度歌詞をご覧いただきたい。傷ついたイマジョの魂を鎮める美しさがそこにある。

イマジョの伝承に出てくる古仁屋、嘉鉄、そして小名瀬、三つのシマは瀬戸内町にある。古仁屋から嘉鉄の道は〈イマジョ道〉と呼ばれた。集落の境や峠はこの世でもあの世でもない境界の世界であるからこそ、彼女は姿を現すのである。

イマジョはこのシマを今も行き来しているのだろうか。

この小名瀬の入り口に「七つがめ」といわれる、地上に露出した甕が十ほど並んでいる。これは平家の落人を埋葬したものである。七つなのに十あるのだ。理由はわからない。七つがめはさておき、イマジョはこの小名瀬にいた。

否。今も彼女は消えていない。現在進行形で奄美の人々に恐れられている。

できうるなら、読者諸兄姉も――イマジョの魂を鎮めるよう祈っていただきたい。

祝祭の島

概略だが、奄美群島・奄美大島について触れてきた。

如何だっただろうか？

全体的に暗い内容のルポルタージュになってしまったが、改めて言いたい。

奄美群島・奄美大島は歴史的な種々の要因で様々な文化が入り交じり、まるで海の彼方から空に浮かぶように今へ続いている。

ネリヤカナヤのようだ、とは言わない。

ただ、現在の奄美には古代日本より失われてきたものが色濃く残っていることだけは知っておいてほしい。奄美へ赴くと、原初日本が抱いていた大切なものがしっかりと今も根付いていることを肌で感じるはずだ。

旧暦で行われる様々な祝いや願いの祭礼も、本当に力強く、根源的で美しい。

奄美は現代日本に残された祝祭の島なのである。

空から見た奄美大島（写真 AC）

奄美大島の磯辺（写真 AC）

第三章　全国〈実録〉島怪談

本当にあった日本の島の怖い話

【粟島】浮き物（新潟県）

月の砂漠

新潟県の離島といえば佐渡島が有名だが、その佐渡島の北西にもう一つ、粟島と呼ばれる島がある。村上市の岩船港から定期便が出ており、およそ一時間で辿り着ける島だ。

粟粒のように小さな島だから、というのが名前の由来のようで、その名の通り、島をぐるりと一周して約二十三キロという小島だ。

「とはいえ、島内には坂が多く、勾配が結構急なんです。観光用のサイクリングコースはかなりハードですよ」

そう言って笑うのは、新潟市内で飲食店を営む上田さんという五十代の男性だ。

「粟島は芋焼酎が名産の一つで、うちの店でも仕入れているんです。その関係で、ちょくちょく粟島に行くようになって」

何度か通っているうちに、地元のジャガイモ農家の老人と親しくなった。

ある時、その老人から「浮き物」についての話を聞いた。それは、大昔から粟島で語られている伝承だった。

「春になると、夜中に島の近海で巨大な何かがよく目撃されるんですって。ＵＭＡ、未確認生物ってやつですね」

それは、まるで海底から浮かび上がるように突如として姿を現し、ゆっくりと海面を漂って、いつの間にか消えてしまうのだという。海鳥の群れか、あるいは未発見の巨大魚ではないかとされているが、正体はいまだわかっていないそうだ。

「正直、田舎によくあるおとぎ話だと思って。その時は、ほとんど気にしませんでした」

そのうち、そんな話を聞いたことさえ忘れてしまっていた。

だが、それから数年経った、四月のことだ。

いつものように仕入れで粟島を訪れていた上田さんは、夜中の二時過ぎ、ほんの気まぐれから、島端の海岸沿いを散歩していた。砂地のない岩肌の海岸だった。

「トイレに起きて、窓から空を見たら、月がやたらきれいで。それで、一服しにちょっと外へ」

満月がかすんだ雲に包まれていた。街灯のない周囲は真っ暗で、春とはいえ、夜中の潮風は少し肌寒かった。

上田さんはぼんやりと月を見上げながら、タバコを一本灰にした。そろそろ宿に戻ろうかと思い、何気なく海上に目を落とした、その時だった。

「いかだが見えたんですよ」

細い丸太を繋ぎ合わせただけの簡素ないかだだった。縦横の幅はそれなりに大きく、いかだの中央には、何かがこんもりと積み重なって小山のようになっていた。土嚢を積んでいるように見えたと上田さんは振り返る。

「でも、こんな夜中に土嚢なんて運ぶわけないですし」

上田さんは海辺に寄り、目を凝らしていかだの様子を見た。

「もしかして、沈没した漁船から避難した救命ボートではないかと考えたんです」

そうであれば、警察や消防に通報する必要がある。思わず、ポケットの中の携帯電話を握りしめていた。

いかだはゆっくりと波間を漂い、海岸に近づいてきた。月明かりにも助けられ、いかだの上に積まれたものが上田さんの目にははっきりと見えた。それは土嚢ではなかった。

「人間でした」

上田さんは声にならない悲鳴を上げた。

黒くブヨブヨになった無数の人間が、無造作に積み上げられていた。誰もが力なく両手を放り出しており、一本一本の手指が海中のサンゴのようにゆらゆらと揺れていた。

「怖くて、意味がわからなくて、走って逃げました」

足をもつれさせながら、その場から必死で離れた。しばらくしてから海の方を振り返ってみると、そこには、いかだも人間も何もなかったという。

「その時、農家のじいさんから聞いた『浮き物』という言葉を思い出したんです。そうか、あれがそうだったのかと」


翌日、上田さんは、宿の主人やジャガイモ農家の老人に、自分が目撃したものについて話してみた。しかし、ただの見間違えだよと、一笑に付されてしまった。

「浮き物が人間だなんで、一度も聞いたことがないって」

それでも、上田さんは、あれこそが浮き物の正体に違いないと確信している。それは、粟島のことを少しでも調べればすぐにわかるのだそうだ。

「村上市から夕刻に粟島を見ると、沈む夕日に照らされて黄金色に輝いて見えるんです。だから、昔の人は粟島を『この世とあの世の境目』と考えていたそうです。ほらね、あの島は、元々そういう島なんですよ」

上田さんは早口になりながら、そう説明してくれた。

【雄島《おしま》】深夜の雄島（福井県）

撞木

福井県坂井市三国町安島《みくにちょうあんとう》には、雄島という越前加賀海岸国定公園に含まれる、無人島がある。周囲二キロほどの小さな島だが、福井県ではかつて飛び込み自殺が多かった東尋坊《とうじんぼう》と並ぶ心霊スポットだ。

今から二十数年前のこと。北陸地方の大学に通っていたRさんは、勉強の傍ら、大学の友人と夜中に心霊スポット巡りをする日々を過ごしていた。退屈な長い夜の時間をつぶす目的もあったという。

秋のその日もRさんを含めた男性三人は、ドライブがてら心霊スポット巡りをしよう、という話になり、車を走らせていた。友人のJさんが携帯電話で検索をしたところ、雄島が出てきたので、そこを目指すことになった。

雄島は流紋岩《りゅうもんがん》の溶岩でできた断崖に囲まれていて、島内を一周できる環状の遊歩道がある。標高二十七メートルで、ヤブニッケイやタブノキ、シイなどの原生林が広がる中央部にも遊歩道が通っていて、神社や灯台がある。遠い昔から〈神の島〉として崇められてきたが、観光名所でもある東尋坊から北北西の方角に約二キロと近く、東尋坊の断崖から飛び込んだ自殺者の遺体が流れ着く場所、ともいわれている。

「雄島ってさ、遊歩道を反時計回りに回るとヤバいらしいよ」

助手席に座っていたJさんが、携帯電話を見ながら言った。

「そうなの?」

Rさんともう一人の友人は、その場の勢いで決めた目的地だったので、事前に知識がなく、Jさんの言葉に興味を持った。

「何がヤバいの?」

Rさんは問いかけた。

「島を反時計回りに回ると、死ぬんだって」

東尋坊から車を走らせて約五分。細いゆるやかなカーブの先に駐車場があったので、そこに車を駐《と》めた。

雄島へと繋がる、赤い橋が架かっている。

当たり前のことだが、深夜二時近くに駐まっている車は他になく、昼間の観光地らしさはまったくなかった。車のヘッドライドでさえ、闇に呑まれている。

静けさの中に響く、波の音。

「雰囲気あるな……」

Rさんは呟いた。

三人はそれぞれ懐中電灯を点けて赤い橋を渡り始めた。

他の二人は、いつもと変わりなく、ふざけ合っている。

「試しに反時計回りに回ってみようか」

「面白いな。それで俺たちが死ななかったら、噂が嘘だと証明できるぞ」


島に足を踏み入れると石畳の道があった。両端には砂利も敷かれていて、Rさんはそれを踏む足音を耳にした。しかしこの時、三人とも石畳の上を歩いていたので、少し不思議に思ったという。

白い鳥居が見え、すぐ先に急な石階段がある。

その両側から鬱蒼とした木々が石階段を覆いつくすように枝葉を広げており、更に闇を深くさせていた。

そこを上っているときだった。

——足音が一つ、多い。

最後尾を歩いていたRさんは、自分たち以外の足音が交ざっていることに気が付いた。

先を行く二人には聞こえないのだろうか、変わらずに談笑している。

ざっざっざっ

――じゃり。

ざっざっざっ

――じゃり。

ざっざっざっ

――じゃり。

気のせいではない。石階段に砂利は敷かれていないのだが、三人の足音に交ざって砂利を踏むような足音が確かに聞こえてくる。

石階段を上り終えたところで、Ｒさんが友人二人にそれを伝えようと口を開きかけた瞬間、彼の携帯電話が鳴った。

その場にいた誰もが、肝を冷やした。

「――んだよっ、Ｒ！　びっくりさせんなよっ！」

Ｒさんが悪いわけではないが、驚きのあまり、Ｊさんが八つ当たりをした。

「ごめん、ごめん」

苦笑いをしつつ、Rさんはポケットに入れていた携帯電話を取り出した。画面に表示されている発信者名は〈K〉だった。

本来ならこのKさんも、心霊スポット巡りに同行するメンバーの一人なのだが、今夜に限って研究室の課題が終わらず、大学に残ることとなっていた。Rさんは、「Kだよ」と二人に告げてから電話に出た。

「もしもし」

Rさんはそう言って耳を澄ませた。だが、いつもなら、明るい声でKさんから話し出すのに、何も聞こえない。もしもし、と繰り返したが、プツプツ……という雑音が入って、何を言っているのか聞き取れなかった。

Rさんの様子を見て、二人が近づいてくる。

「声が全然聞こえないんだ。電波が悪いのかな?」

Rさんが言葉を放った次の瞬間だった。

「――帰れ!」

野太い男の声が響き渡った。

Rさんたちは耳を疑った。知っているKさんの声ではない。

何より、携帯電話から聞こえてきたのではなかった。

その場にいるような、辺りに木霊《こだま》する声だった。

「なん……だ？　……今のは……？」

やっとの思いでRさんは声を絞り出した。

ここに居てはいけない。そう思ったが、足が竦んで動けない。友人二人も同じ気持ちなのか、凍り付いたまま微動だにせずいた。

と、そこへ――頭上から雨粒らしき水滴がいくつか落ちてきたかと思うと、木々の枝葉が激しく揺れ動く音がした。

三人は一斉に顔を上げて灯りを上に向けた。

枝葉の間に、巨大な男の顔がある。

乱れた髪や顔全体がぐっしょりと濡れていた。長さ二メートル、横幅一メートル近くはあろうかという、巨大な蒼白の顔が宙を舞い降りてくる。

「帰れぇぇぇ！」

先ほどよりも更に力強い声だった。鼓膜が破れそうな大音量だ。びくりとして三人の硬直していた足が僅かに動いた。

「うわぁっ！」

声が先か、身体が先か、全員脱兎の如くその場から逃げ出し、駐車場を目指した。

「その時の出来事が一体何だったのか、今でもわからないんだよ」

とRさんは言う。

とはいえ、その後は、何事もなく日々を過ごせているそうだ。

ただ、気持ちが落ち着いた次の日、Kさんに連絡を取り、事の顛末を話したが、Kさんは携帯電話から連絡をしていない、と言い、Rさん宛ての発信履歴も残っていなかったという。

参考文献
福井県　越前加賀海岸国定公園
https://www.pref.fukui.lg.jp/doc/shizen/kouen/etizen.html
ふるさと福井の自然　第14号　雄島の自然を楽しむ　（福井県自然保護センター）
https://fncc.pref.fukui.lg.jp/wp-content/uploads/2015/05/furusato_fukui_sizen14.pdf

【伊豆大島】変貌（東京都）

夕暮怪雨

正弘さんには一つ年上の兄がいる。幼い頃から素行が悪く、所かまわず暴力を振るわれ、散々な目にあった。

それは兄弟二人が思春期を迎えるとエスカレートする。

正弘さんは兄に極力関わらぬよう、家の中でも顔を合わせないよう生活した。家族皆が兄を恐れていたのだ。

けれども、ある家族旅行から兄の性格が変わった。

それは正弘さんが中学3年の時だ。兄は高校に何とか入学できた。しかし登校もせず悪友とつるみ、暴力沙汰で警察の厄介になることも増えた。両親もそれに頭を悩ませる。

夏休みに入ると、毎日のように兄の顔を見なければならない。

そんなことにげんなりしていると、両親が伊豆大島への家族旅行を提案した。旅行など幼い頃から一度もない。どんな風の吹き回しだと感じたが、正弘さんはこんなチャンスは二度とないと快諾した。兄の顔を見ると、旅行に乗り気でないことが一目瞭然だった。

（あいつは来なくていい）そんな気持ちで兄と母親とのやり取りを見る。

母親はいつもと違う優しい声で「お願い一緒に来て」と兄を説得している。加えて父親は「頼む、今回だけだ」と懇願するように頼み込んでいた。

どうしてここまで必死なのだろう？　輪を乱す者が一人でもいたら、せっかくの旅行も台無しだ。心の底から兄が旅行に参加しないことを正弘さんは願った。

結局、最後まで乗り気でなかった兄は、小遣いを貰う形で渋々旅行に参加することとなる。一人にしたら何をするかわからない。だから両親も旅行へ連れていきたいのだ。正弘さんはやむなくそう自らを納得させた。


旅行当日、伊豆大島へ向かう途中も揉め事ばかり兄は起こす。

不埒な行動は相変わらずだ。

何とか宿泊先に辿り着くが、絢爛豪華な旅館やホテルを想像していたのにまったく違う。古臭い民宿が目に入る。思わず肩を落とすと、横に立つ兄がニヤつきながらこちらを見ていた。

両親に民宿の入り口へ促される。宿の人間に鍵を渡されると、何故か兄だけ別の部屋を案内された。兄は喜び飛び跳ね、またニヤつきながら正弘さんを見た。

「好きなようにしていいから」と両親は話す。

特別扱いに腹を立て、小言を両親にぶつける。

「これで上手くいくから」と両親は訳のわからぬ言葉を返してきた。

何故か二人に、安堵の表情が滲み出ている。


食事の時間、兄は出された食事を「不味い」と一切口に入れず、部屋に戻っていった。

「どうせ酒かタバコだ」

正弘さんは呆れながら食事を口に掻き込む。甘やかす両親に対し、更に不満が募る。

不貞腐れ、夜風に当たるため外へ出ると、窓から兄が顔を出しているのに気づく。どうやらタバコをふかしている。

（未成年が公然と吸うな）と憤りを感じ眺めていると、
後ろに人影が見えるのに気づいた。

両親ではない。背中にピタリと張り付いているのに兄は気づいていない。

兄が身体を動かした瞬間、後ろに立つ人影の顔が見えた。正弘さんは驚き声を上げる。

人影は兄と瓜二つだからだ。

まるで死人のように青白い顔をしている。そして、それはゆっくりと兄の身体へ浸透していった。不思議と怖さはなかった。兄はそのまま窓を閉めて、電気を消した。

翌日、朝食の席に時間通り、家族全員集まった。いつもなら兄は時間などまったく守らない。けれどこの時は身なりも整え、両親と笑顔で談笑している。

正弘さんはその光景が信じられない。ただ両親はそれがわかっていたように満足げな顔をしている。

それからは兄の粗暴な性格は嘘のように消え、高校も真面目に通うようになった。兄弟仲も改善され、大人になってからも上手くいっている。

現在、正弘さんには一人息子がいる。当時の兄に似て、粗暴な性格で周囲を困らせているという。悩み抜き両親に話すと、あの民宿へ行くことを提案された。正弘さんは嬉々として息子をあの民宿へ連れていった。その日から息子の中身が変わり、

「本当の息子はどこ?」と妻が煩《うるさ》く聞いてくるそうだ。

「今度気晴らしに妻もあの民宿へ連れていくつもりです」

そう正弘さんは真顔で話した。

【新島】ナンパ島（東京都）

月の砂漠

伊豆七島の一つである新島は、昭和四十年代～五十年代にかけて「ナンパ島」の異名で広く知られていた。恋のパートナーを探して、たくさんの高校生や大学生が訪れていたのだ。

ビーチやディスコなど、島のあちらこちらで口説き文句が飛び交い、実際にカップルとなった男女も多かったらしい。人口三千人弱のこの島に、最盛期で十万人の年間来訪客がいたというから、まさに一大ブームである。

そんなブームもかなり下火になってきた頃。

当時、高校を卒業して都内の保険会社で働き始めたばかりだったアキラさんは、友人と連れ立って、夏休みに新島へ渡った。

「新島で良い思いをしたっていう先輩が身近にいて。俺もあやかりたいなと思って」

その頃のアキラさんは、女性との交際経験がゼロだった。まだ見ぬ恋人を頭に思い描きながら、鼻息を荒くして、竹芝桟橋からフェリーの二等船室に乗り込んだという。

一晩、船中泊をして、翌朝、新島に到着した。

「ピークの時に比べたら、だいぶ減ってるんだろうけど、それでも、まだそれなりの数の来訪客が島にいたよね」

アキラさんは水着でビーチに繰り出すと、手当たり次第、女の子に声を掛けて回った。

「恥も外聞もない。なりふりかまってなんていられないよ。こっちの目的は一つだけなんだから」

今はもう還暦に近いアキラさんは、若気の至りを恥ずかしそうに、けれど、懐かしそうに振り返る。

「言い方は悪いけど、やっぱり数打ちゃ当たる。一人の可愛い女の子と仲良くなってさ」

神奈川から来ていたタカコという二つ年上の女性だった。共通の趣味であるボウリングの話題で盛り上がり、その日の夜、飲みに行く約束を取り付けた。

「一緒に来た友人も、上手いこと相手を見つけてさ。その女の子が泊まっているホテルに、喜び勇んで出かけていったよね」

負けてはいられないアキラさんは、島のメインストリートにあるレストランでタカコと食事をした。適度にアルコールも入った頃、勇気を出して自分の民宿の部屋に誘ってみると、タカコはあっけなく頷いた。

「俺なんかよりずっと遊び慣れた女だったみたいで。こっちは緊張でドキドキなのに、向こうは平然としてたね」

民宿に戻り、持ち込んだ缶ビールで改めて乾杯をする。頃合いを見計らって、アキラさんはタカコの肩に腕を回した。震える指先で彼女のつややかな黒髪に触れようとしたその時、おかしな声を聞いた。

「ファァァ、ファァァァ、って」

気勢を削がれた思いがして、心の中で舌打ちをした。気を取り直して、もう一度タカコに体を寄せた。だが、再び、

「ファァァァ、ファァァァ。さっきより、はっきりと聞こえてきて」

猫が外でケンカでもしているのかと思い、立ち上がって窓をガラリと開けた。だが、辺りに何かがいる気配はない。

「タカコの方を振り返ったら、不審そうな顔でこっちを見ているんだよ。あれっ、彼女には何も聞こえていないのかなと思って」

アキラさんはタカコの前に座り直し、普段であれば恥ずかしくて言えないような愛の言葉をささやき、懸命にムードの回復に努めた。だが、またしても、

「ギャァァァァァって。ものすごい大きな声で」

アキラさんは、その声が何なのか、ようやく気づいた。

「赤ん坊の泣き声だよ」

この民宿は若者向けの安宿で、家族連れが泊まっているようには見えなかった。一体どの部屋に赤ん坊がいるのだろうかと訝しんだが、すぐにその答えは出た。

「どう考えても、この部屋の中からなんだよ」

赤ん坊は火が付いたように泣いている。一人ではなく、三人か四人、まるで輪唱するかのように泣いていた。

アキラさんが途惑って辺りを見回していると、タカコが苛立った声を投げ付けてきた。

「さっきから何をキョロキョロしているのって。やっぱり、タカコには全然聞こえてなかったんだよ」

アキラさんは強い違和感を覚えた。これだけの音量の泣き声が聞こえないはずがない。さりとて、これが自分の幻聴だとも思えない。

とうとうタカコは怒ってしまい、帰ると言い出した。

アキラさんは、待ってくれ、と追いすがった。

そして次の瞬間、ハッと息を呑んだ。

「タカコのお腹の中からだったの。赤ん坊の泣き声が聞こえていたのは」

アキラさんは思わずタカコから離れた。タカコは口汚くアキラさんをののしり、そのまま部屋を出ていってしまった。

それきり、赤ん坊の泣き声は聞こえなくなった。

部屋の窓から下を覗くと、早歩きで立ち去るタカコの後ろ姿がちょうど見えた。タカコは随分と猫背だった。

「何だか、背中に赤ん坊をおぶさっているみたいに見えてさ、慌てて目を逸らしたんだよ」

アキラさんは声をひそめて、話を続ける。

「あのタカコって女は、新島でたくさんの男と遊んでいたみたいだからさ。きっと、誰かから、何か変なものをもらっちゃったんじゃないかなぁ」

それ以来、アキラさんは女性と深く接することが苦手になってしまい、今でも独身のままだという。

【三宅島】来るな来るな（東京都）

月の砂漠

伊豆諸島の一つである三宅島は、活火山の島として知られており、数十年に一度、大規模な噴火を起こしている。

一定以上の年齢の人なら、二〇〇〇年の噴火を覚えている人も多いだろう。島の至る所を土石流と火山灰が襲い、全島民が避難する事態となった大災害だ。放出された火山ガスは世界的にも類を見ないほど大量で、海を隔てた関東一円でも刺激臭が観測されたほどだった。


「あの時の噴火の直前まで、私は三宅島にいたんですよ」

そういう田原さんは、元公務員の男性だ。数年前に定年退職した後は、年金とパート勤めで気ままに過ごしているという。

「当時の都庁には、離島勤務を経験したら、次は希望の部署に行けるっていう風潮があってね」

三宅島は東京都の所管だ。その頃、どちらかといえば窓際族だったという田原さんは、出世の糸口を求めて三宅島行きに自ら手を挙げた。独身だったから、身軽な身分でもあった。

現地に渡り、村役場での仕事にも慣れてくると、田原さんは暇を見つけ、島内のあちこちを歩き回るようになった。

「任地の地理に詳しくなっておこうと思う程度には、仕事熱心だったってことです。もっとも、大半は飲み屋でしたがね」

二年の任期のちょうど半分ほどを終えた頃、田原さんは上司や同僚にも勧められ、雄山《おやま》に登ってみることにした。

雄山は、島の中央に位置する標高八百メートル弱の山で、かつて幾度となく火を噴いてきた活火山だ。ある意味、三宅島の本体といってもよい。田原さんに山登りの趣味はなかったが、せっかく三宅島に来たなら、やはり一度くらいは直接見ておくべきだろうと思ったのだ。

「あの時は一九八三年の噴火からだいぶ時間が経っていることもあって、立入禁止エリアもあまりなかったですし」

山道を車で走り、途中からは徒歩で頂上付近まで登った。

赤い溶岩土や、コールタールのような火山砕屑物《かざんさいせつぶつ》や、廃墟と化したテニスコートなどを見て回った。

「周囲の木々の結構な数が枯れていてね。硫黄ガスや火山灰の影響で枯れちゃうんです。それが、人間の白骨化した手足のように見えて、不気味でね」

火山の恐ろしさを、改めて肌で感じたという。

ふと気が付くと、灰色の雲がうっすらと空を覆っていた。

田原さんは、雨が降り出す前に帰ろうと、来た道を引き返し始めた。

その時だった。

「前方に、おかしなものが見えて」

立ち並ぶ真っ白な木々の枝の間に、ぼんやりと、赤く丸い玉が浮かんでいたという。

赤い玉はハチのようにホバリングして、小刻みに震えながら浮いている。恐怖心よりも好奇心が勝った田原さんは、木々の方に歩み寄り、目を凝らして赤い玉を見た。

「その赤い玉、一つじゃなかったんですよ。よく見たら、色の薄いのから濃いのまで、うじゃうじゃ浮かんでいたんです」

田原さんはたじろいだ。人魂、霊魂、といった言葉が頭の中に浮かんだ。見てはいけないものを見てしまった気がして、目を逸らそうとした。ところが、金縛りにあったかのように、身体がちっとも動かない。

「そうしたら、風もないのに、枯れ木が一斉に揺れ出して。気が付いたら、木の枝が全部、人の指になっていたんです」

無数の白骨化した指が、田原さんに「おいでおいで」と手招きをしていた。

「悲鳴を上げたら、それで金縛りが解けたんですよ。そこからは、全力でその場から逃げました」

登山道の入り口まで無事に帰り着いたときには、安堵で腰を抜かしてしまったという。

「役場の同僚や上司に、変なものを見たって話したんです。でも、誰にも信じてもらえなくて」

どうせ幻覚でも見たんだろう、と笑われるだけだった。

田原さん自身も次第に、あれは単なる目の錯覚だったと思うようになり、頭の片隅に追いやってしまった。

だが、任期も終盤に差し掛かった冬のことだ。

田原さんは、福祉の業務で知り合ったNさんという島の老人と親しくなり、たまに酒を酌み交わす仲になった。飲み屋で何度目かに同席した際、田原さんは例の「赤い玉」と「おいでおいで」のことを、Nさんに話してみた。

「あくまでも、笑い話にするつもりで話したんです。でも、Nさんは真剣に聞いてくれて。聞き終わると『ああ、それは島のご先祖様だわ』って」

田原さんは、どういう意味かと尋ねた。

「Nさんによれば、私が火の玉を見た辺りは、大昔に土石流に流された神社が埋まっている場所だって。だから、あそこには魂を引き寄せる特別な力があるんだって」

さらにNさんは、木々が手招きしたことについても、独自の見解を披露した。

「逆だって言うんです。あれは『おいでおいで』と手招きしたんじゃなくて『来るな来るな』と追い払ったんだって」

もうすぐ噴火するから、島から立ち去れ。

かつて噴火で命を落とした島のご先祖様が、木々にことよせてそう警告したのだろうと、Nさんは真剣に語ったという。

「また近いうちに噴火するんだろうなぁって、悲しそうにつぶやいたNさんの顔が忘れられなくて」

それからすぐ、二年の任期を終えて田原さんは三宅島を去った。当初の目論見通り、希望していた財務関係の部署への異動が叶い、気持ちも新たに仕事に取り組んでいた。

それから僅か二ヶ月後の二〇〇〇年六月、三宅島で過去最大級の噴火が起きた。

「Nさんの予言、当たっちゃったよって思って」

だが、不幸中の幸いと言うべきか、歴史的な大噴火だったにもかかわらず三宅島の死傷者はゼロだった。

「ご先祖様と埋まった神社が、島民を護ってくれたんじゃないかなって」

田原さんは感慨深げにそう言った。

Nさんとは、その後もしばらく年賀状のやり取りをしていたそうだが、数年前に老衰で亡くなったという。

【三宅島】ドルフィンスイム（東京都）

戸神重明

伊豆諸島の三宅島は、東京都三宅村に属している。古くは駿河国《するがのくに》や伊豆国《いずのくに》に属し、江戸時代には幕府の直轄地となったが、廃藩置県後、明治十一年までは静岡県の管轄にあった。伊豆諸島の他の島々も同様で、所属する郡がないことも共通している。

三宅島は直径約八キロ、楕円形をしていて、その中央部には、雄山と呼ばれる火山があり、数十年ごとに噴火をする。二〇〇〇年の噴火では、全島民が島外へ避難しなければならなかった。島民が帰島できたのは、二〇〇五年以降である。

これはその噴火が起こる以前の、一九九〇年代の出来事だという。

埼玉県在住の男性Wさんは、当時二十代後半であった。その年の七月、彼は夏季休暇を使って、三宅島に住む同い年の友人、Hさんの家へ遊びに行った。

「こっちではイルカと泳げるんだよ。Wも泊まりに来ないか」

と、電話でHさんから誘われて、興味を抱いたからだ。

Hさんは妻のY恵さんと東京本土から移住して、借家暮らしをしていた。

旅客機や大型客船が運航している三宅島では、観光産業の一つとしてイルカと泳ぐ〈ドルフィンスイム〉が盛んに行われている。業者によるガイド付きのツアーもある。実際にイルカが生息しているのは、隣の島である御蔵島《みくらじま》の沿海なのだが、そこまで船で移動してゆくのだ。ただし、Hさん夫妻はツアーを利用せず、友人や親戚が遊びに来ると、知り合いの漁師に頼んで漁船を出してもらい、ドルフィンスイムを楽しんでいたという。

一方、Wさんは野生のイルカを見たことがないばかりか、水泳も得意ではなかった。そこでまず、三宅島の浜辺でHさんから泳ぎ方を教わることになった。

ドルフィンスイムは、酸素ボンベを背負うスキューバダイビングではなく、素潜りのスキンダイビングで行う。水着やウエットスーツ以外は、水中眼鏡とシュノーケル、フィン（足鰭《あしひれ》）などしか身に着けない。できるだけ長く深く、自力で潜らなければならないのである。特に潜水中は水圧で鼓膜が破れるのを防ぐため、吐息を耳へ送り込む〈耳抜き〉ができなければならない。それが難しかったのだが、Wさんはどうにか一日がかりで五メートル前後の深さまで潜れるようになった。

こうして、いざ御蔵島の沿海へ行く日を迎えたのだが……。

港へ向かう車の中で、運転席からHさんが、後部座席に乗るWさんにこう告げた。

「急な話で悪いんだけど、もう一人、友達の女の子が一緒に行くことになったんだ。彼女を拾ってから、港へ行こうと思うんだがね」

「ああ。かまわないさ。むしろ、助かるよ」

漁船のチャーター料は、一回で五万円かかる。人数が増えれば、割り勘で一人当たりの金額を安くできるのだ。

「お邪魔しちゃって、すみません」

笑顔でWさんの隣席に乗ってきたのは、二十歳くらいの女性であった。白いビーチガウンを着て、セミロングの黒髪に、目元の涼しい顔立ちをした、美しい娘である。

車内で聞いた話によれば、東京本土の大学に通っていて、夏休みで地元の三宅島に帰省しているのだという。以前からHさん夫妻とは仲が良かったらしい。どんな切っ掛けで知り合ったのかは、聞きそびれた。Wさんは彼女の名前を覚えていない。Hさん夫妻は渾名で呼んでいたのだが、それすら覚えていないそうだ。そのため、仮にQ子としておこう。

一行は港に到着すると、漁船へ向かった。漁師は四十がらみの男性で、Hさんは〈船長〉と呼んでいた。Hさんが船長に代わってルールの説明を始める。

「海に出たら、何でも全部、船長の指示に従うのが決まりだ。船長が『入って良し』と言うまでは海に入ってはいけない。泳いでいるときに『揚がれ』と言われたら、すぐに船へ戻ることだ。それから、イルカの体には絶対に触ってはいけない」

正午過ぎに漁船は港を出た。太平洋を南南東の方角へ進む。天気は快晴であった。波は穏やかで、風も爽やかな昼下がりである。たまに鯨が現れるというが、この日は出会うことができなかった。Q子が艶やかな黒髪を引っ詰めにして、ヘアゴムで束ねている。

三宅島から一時間弱で御蔵島が近づいてきた。三宅島の半分にも満たない小さな島で、住民はいるが、当時は客船の運航がない孤島であった。

その周りの海を漁船で一周する。御蔵島は椀を伏せたような形をしており、周囲を高い断崖絶壁に囲まれていた。三宅島と違って、噴火が長らく起きていないことから、島全体がタブノキやシイなどの原生林に覆われている。真水が豊富に湧き出ていて、断崖絶壁から海へ流れ落ちる滝が、幾条も目につく。

Q子がビーチガウンを脱いで水着姿になった。すらりとした身体つきで、真っ赤なビキニを着ている。WさんとHさん夫妻はウエットスーツを着ていたが、彼女は着ないで海に入るそうだ。その白い肌を目の当たりにしたWさんは、魔法にかかった気がしたという。

間もなく漁船の前方に、二頭のミナミハンドウイルカが現れた。鎌状の背鰭が二つ並んで、漁船を先導するように進んでゆく。

さらに一頭のイルカが、海面から高く飛び跳ねて、二メートル近くある全身を現した。着水すると、水飛沫が上がる。「よく来たね！」という歓迎の挨拶のようであった。

船長が船を停めて、いよいよドルフィンスイムが開始となる。

Q子は泳ぎが上手かった。見る間に気持ち良さそうに潜ってゆく。不慣れなWさんは、必死に彼女のあとを追って潜水した。Hさん夫妻はWさんの様子を見ながら、深く潜ったり、少し浮上したりを繰り返す。だが、二頭のイルカはじきに泳ぎ去ってしまった。

「おうい！　揚がれえ！」

船長が甲板から指示を出した。全員が船に戻ると、ゆっくり移動しながら他のイルカを探す。イルカを見つけると、また船を停めて海に入る。

それを何度か繰り返すうちに、Wさんも潜水に慣れてきた。HさんやQ子のように深い所まで自在に潜ることはできなかったが、何とか鉛色をしたイルカの背に触れられそうな位置まで近づくことができた。けれども、イルカはすぐに彼らから離れていった。

浮上して船に揚がったWさんは、それだけでも満足だったが、

「今日は、なかなか遊んでくれませんね」

Q子がHさんにそう話し掛けけていた。

「イルカって、遊んでくれるもんなの？」

「本来は、な……」

Hさんの説明によると――。

イルカは極めて頭が良い動物で、好奇心が強い。溺れた人間を助けることもある、といわれている。人間が泳いでいれば、

(変な生き物が来たな。それにしても、泳ぎが下手な奴だなぁ)

と、興味を持って近づいてくる。そして人間が無害で、友好的であることを察すると、

(じゃあ、ちょいと遊んでやるか)

一緒に泳ぎ始めるそうだ。

しかし、三宅島を経由して訪れる観光客が急増したことから、イルカがこの遊びに飽きてしまい、人間にさほど興味を示さなくなっている、という。

それでも一行は諦めずに、よくイルカが目撃されるという場所まで来ると、また海に入った。しばらく泳ぎながらイルカを探していたところ——。

潜水していたQ子が浮上してきて、

「カメがいます!」

と、Wさんに向かって叫んだ。ウミガメを見つけたらしい。

「えっ! ホント? 見たいな!」

「あたしについてきて!」

「わかった!」

Wさんは野生のウミガメも見たことがなかったので、喜んで潜水した。この時Hさん夫妻は少し離れた場所でイルカを探していたので、Q子に続いたのはWさんだけであった。

だが、海中にウミガメはいなかった。

身体の向きを変えながら四方を見回してみたが、やはりウミガメの姿は見当たらない。

(どこにいるのかな……?)

Wさんは身振りでQ子に尋ねようとした。

ところが、いつの間にか、前方にいたはずのQ子がいなくなっていた。

おや? と、訝しく思った次の瞬間であった。Wさんは右足を強く引っ張られた。

見ればQ子が下にいて、Wさんの足首を両手で摑んでいる。Wさんを引っ張りながら、両足で水を蹴って深場へと潜り始めた。華奢な娘らしからぬ凄まじい力であった。

(おいおい! 何をふざけてるんだよ? 危ないから、悪い冗談はやめてくれ!)

Wさんは首を振り、両手で×マークを作ってみせたが、Q子は手を離そうとしなかった。

Wさんはより海中深くへと引き込まれてゆく。呼吸が苦しくなってきた。

(いかん! このままでは死ぬ……)

Q子が何を考えているのか、さっぱりわからなかったが、とにかく突き放して浮上する以外に生き延びる術《すべ》はなかった。Wさんはやむを得ず、Q子の頭を左足で踏みつけた。しかし、Q子は手を離さない。Wさんは無我夢中で、力一杯、何度も踏みつけた。

その衝撃で、Q子の水中眼鏡とシュノーケルが外れてしまう。引っ詰めにしていた黒髪も解《ほど》けて、海藻のように広がってゆく。

Q子はこちらを見上げていた。海の中だというのに、口を大きく開けて、にたにたと気が狂ったように笑っている。それでも、Wさんの右足を摑んだ両手は離さない。

（もう、駄目か……）

Wさんが死を覚悟した、その時であった。

突然、一頭のイルカが急接近してきた。そしてQ子の腹部に頭から突っ込んで、体当たりを食らわせた。イルカはサメと戦わなければならなくなったとき、サメの鰓《えら》を狙って強烈な体当たりを食らわせ、鰓を破壊してサメを窒息死させる、といわれている。それをまともに受けたQ子は、堪らず両手を離した。そのまま海底へと沈んでゆく。

Wさんは僅かに残っていた力を振り絞って、懸命に浮上した。少し海水を飲んでしまい、噎《む》せ返ったが、何とか海面から顔を出して、呼吸をすることができた。やっとの思いで梯子を登り、漁船の甲板まで揚がったものの、そこで死んだ魚のように伸びてしまった。

「おい！　君、大丈夫かっ？」

「何があったんだよっ？」

船長やHさん夫妻に介抱されて、Wさんはようやく上体を起こすことができた。

「あの女の子が……急におかしくなって……。俺、殺されそうになって……。イルカが、助けてくれたんだ……」

「何だって？　何のことだか、さっぱりわからん」

「女の子って、誰なのよ？」

「あの子だよ……。一緒に来た、女子大生の……。HとY恵さんの、友達、なんだろ……」

そこまで口外してから、WさんはQ子が甲板にいないことに気づいた。

「そうだ！　あの子は？　いないのかい？　沈んでいったんだよ！　彼女が悪いんだ！　でも、このままだと、死んじまう！　早く捜して、引き揚げないと……」

「さっきから、おまえ、誰のことを言ってるんだ？　大丈夫か？　ちょっと、落ち着けよ」

Hさんから宥められたWさんは、少し間を置いてから、Q子のことを詳しく話したが、

「そんな女の子、初めからいなかったぞ。今日、船に乗せたのは、君たち三人だけだ」

と、今度は船長が呆れ顔で言った。Hさんも頷く。

「車にも船にも乗っていないし……そもそも俺たち、そんな娘、知らないよ。なあ」

Hさんの言葉に、妻のY恵さんも「そうよねえ」と答えてから、首を傾げた。

「そんな馬鹿な！　じゃあ、あの子は、何だったんだ……？」

Wさんは、Q子のことも、Hさん夫妻のこの日の言動も、ひどく不可解に思ったが、結局、Q子が何者だったのかは、不明のままとなった。

Hさん夫妻とは現在も交流があり、数年前にも会って、この出来事を話してみたことがある。二人ともよく覚えていたが、やはりQ子のことは「そう言われても、本当に知らないんだから」「絶対にいなかったよ」と答えたそうである。

参考文献
三宅島観光協会　https://www.miyakejima.gr.jp/
東京都三宅村　https://www.vill.miyake.tokyo.jp/index.html
御蔵島村　https://www.vill.mikurasima.tokyo.jp/index.html

（注）……筆者には三宅島と御蔵島の観光産業を妨害する意図はまったくないことを付記しておきたい。ドルフィンスイムの最中に同じ出来事が起きた事例は、他に聞いたことがなく、滅多に起こる現象ではないものと思われる。

【神津島】二十五日様（東京都）

筆者

一週間の逗留予定で、伊豆諸島に旅行したときのことだ。

逗留二日目の朝、泊まっている民宿の主人に、「明日からの三日間は外に出ては駄目」と言われたのだ。

どうしてか尋ねると、「二十五日様だから」という訳のわからない説明をされた。どうやらその土地に伝わる土着信仰か何からしい。その三日間は神主さん以外は島民すべてが外出禁止になるのだという。

僕はかなり損をした気分で部屋へと戻った。そんな風習があるならば、電話予約を入れた時点で教えてくれるべきではないかと思ったのだ。

翌、早朝。まだ暗いうちに時計のアラームが鳴り出した。朝の八時にセットしたはずなのにと時刻を確認すると、確かに時計は八時ちょうどなのである。

窓が暗かった。カーテンを開けて見れば、窓の外は厚手の黒画用紙でも貼り付けてあるかのように、のっぺりと漆黒が広がっている。何事だと思って階下へと下りると、宿の主人が薄暗がりで、「朝食の準備はできてますよ」と話し掛けてきた。

食堂には灯りもテレビも点いているのに、何故かすべてが薄暗く、明瞭ではない。なんでこんなに暗いのかを尋ねると、「二十五日様だから」と、主人は言う。訳もわからず玄関へと向かうと、その背後から「外に出ちゃ駄目だからね」と、声を掛けられた。

宿の玄関を開けると、そこもやはり濃密な漆黒が横たわっていた。闇は霧状となって玄関に流れ込んできそうになっていたので、僕は慌てて扉を閉める。

一体これは何事だと思っていると、いつの間にそこに立っていたのか、幼い女の子のシルエットが、「二十五日様ですよ」と話し掛けてきたのだ。

続けて「もう皆様、向かいましたよ」と言われる。「どこに？」と問えば、その女の子は外を指差し、「二十五日様の所」と言うのだ。

僕は宿の階段を駆け上がり、部屋に閉じこもって頭から布団をかぶり目を瞑る。するとあっという間に睡魔が襲ってきて、落下するような速さで眠りに就いてしまったのだ。

起きると当たり前のような、ごく普通の朝だった。階下へと下りると、宿の主人が何事もなかったかのように「朝食の準備はできてますよ」と言う。

「昨日のあれ、何だったんですか？」と聞けば、主人は「二十五日様だから」と笑う。

「でももう大丈夫。全部終わったから」

僕は日付を見て驚いた。寝て、起きただけなのに、あれから三日もの日時が過ぎていたのである。

僕が十数年前に体験した、神津島での信仰行事の話である。

二十五日様とは

旧暦一月二十四日から三日間行われる神津島の物忌の風習。二十四日朝から魔除けのイボジリ（竹の先端に稲藁を巻き付け燻《いぶ》したもの）を物忌奈命《ものいみなのみこと》神社境内各所にお供えし、日没後の闇夜に宮司他の神職が集まってお供えした場所を拝礼したのち、前浜港の龍神宮前・汀に祭場を築いて拝礼する。その後、一同は村内の主要な道祖神を巡拝し解散するが、途中誰かに会わないようにすること、無言を通すこと、振り返らないことが決まりで。当日早朝から島民は物忌に入り、仕事はもちろん、外出も控える。

物忌奈命神社（写真 AC）

これがMさんから聞いた話なのだが、実際に捕虜を処刑する際に斬首したという証言がいくつも残っているようなので、Mさんの父親がその場に居合わせていたとしても不思議ではない。

更に、このK海岸には旧日本軍の宿舎があったのだが、ある時鉄砲水に流され数十人の旧日本兵が亡くなる災害もあった。

これらの事件、事故によるものなのか、K海岸で怖い体験をしたという話をいくつか聞いたのでそれらの話を紹介していく。

◆Rさん

K海岸にある園地の工事をしていた土木業者のRさんが体験した話。

K海岸は今ではカヤックの出発地や、遊泳場所、また登山道の入り口にもなっていて多くの人が訪れる場所になっている。そのために敷地には比較的新しくきれいな公衆トイレがあるのだが、そこに出るのだという。

園地の工事中、業者の人々はその公衆トイレを使用するのだが、ある日の休憩中に一人の作業員が「トイレの外で足だけが歩いているのを見た」と話したところ、「俺も見た」

と他の作業員も声を上げ、実はすでに数人の作業員が〝歩く足〟を目撃していたことが判明した。

しかし、Rさんはまだ歩き回る足なんて見ていなかったし、元々幽霊なんて信じていない。

（昼間っから幽霊の足なんて馬鹿馬鹿しい）

そう思いながら件の公衆トイレを使用し続けていた。

そして、結局工事中にRさんが公衆トイレで足の幽霊を目撃することはなかった。

それから数ヶ月後、釣りが趣味のRさんはエギング（イカ釣り）をするために夕方からK海岸を訪れた。

夕方は夕まずめと呼ばれ、他の時間よりも魚が釣れやすいとされているのだが、この日は当たりもないままに時間が過ぎ、あっという間に辺りは真っ暗になっていた。

（今日はもう帰るか）

釣り道具を片付け、車に戻る前に用を足そうと公衆トイレへと向かった。

園地の暗闇の中にボンヤリと公衆トイレの灯りが広がっており、それを見ると何となく安心感がある。

トイレに入って用を足し、手を洗っていると「ジャッジャッジャッ」と、外の砂を踏みしめる音が聞こえてきた。

（他の釣り人かな?）

島の釣り人はほぼ知り合いなので、誰だろうかと思いながらトイレの外に出て足音がした方を照らしてみた。

そこには膝から下の素足が二本、ピタリとくっついた状態で砂の上に立っていた。

Rさんは走って車まで戻り、カーステレオを大音量にして車を走らせた。

その車内で、かつて自分たちが工事をしていたときに同僚たちが「足だけが歩いているのを見た」と言っていたのを思い出した。

◆Iさん

父島生まれのIさんという女性は、高校生の頃に夜中に後輩女性と原付で二人乗りしてK海岸を訪れた。

狭い島なので娯楽も少なく、こうやって原付で海までドライブしてお喋りするのも立派な楽しみの一つだった。

とはいえ、暇つぶしに来ていただけなので、特にやることもなくベンチに腰を下ろして三十分ほど他愛もない話をしていると、どこからか足音が聞こえてきた。

「誰か来たのかな?」

二人で周辺を見回してみても、ライトの灯りは一切見えない。

暗闇の中から足音は次第に近づいてくるのだが、どうも一人の足音ではない。

ジャッジャッジャッジャッジャッジャッ

まるで複数の人たちが足並みを揃えて行進しているような音だ。

「先輩! なんかヤバいです! もう行きましょう!!」

我慢できなくなった後輩が叫んだところでIさんの恐怖もピークに達し、二人で原付を停めていた場所まで走り、慌てて飛び乗ると発進した。

「先輩! 急いで! スピード出して!!」

発進直後にまたしても後輩が叫んだので、Iさんはスピードを上げて町まで突っ走った。

民家が建ち並び街灯があるところまでやってきたところで原付を停め、まだ心臓がバクバクと脈打つのを感じながらIさんは後輩に話し掛けた。

「さっきヤバかったよね！」

「ホントですよ！　バイクが出た後に一気に足音が近づいてきたんですから！」

後ろに乗っていた後輩は生きた心地がしなかったのだという。

◆Wさん

K海岸で心霊写真を撮ったという話も聞くことができた。

二十年ほど前、Wさん夫婦は娘さんがまだ小学生の頃にK海岸に海遊びに出かけた。

K海岸は遠浅でサンゴや岩も少ないことから、子どもを遊ばせたり、サーフィンをするのにもちょうどよい環境だ。また、少し沖に行くと海岸左手の崖下には洞窟があり、洞窟周辺はロウニンアジという最大で七十キロ程度になる大型の魚の住処にもなっており、スピアフィッシングや釣りのポイントにもなっている。

そんなK海岸の砂浜でWさん一家はお弁当を食べ、海遊びを楽しんだ後に家族写真を撮ろうということになった。

K海岸の左手には山があり、海岸側は岩肌が剝き出しの崖になっている。

Wさん一家は崖をバックにして三人で並び、三脚を使って写真を撮った。

後日、K海岸で撮った写真を眺めていると、その中の一枚に不可解なものが写っていた。

一番最後に撮った崖をバックにした家族写真なのだが、後方の崖に岩と同化したような大きな米兵の上半身がはっきりと写っていた。

何故米兵だとわかるかというと、身に纏っているのが迷彩柄の軍服で、顔も鼻が高くて彫りの深い米国人だとわかるほどに鮮明に写っていたからだ。

そして、Wさん一家は岸から数十メートル離れて写真を撮っていたのだが、崖に同化したように写っている米兵はWさんたちよりも随分と大きく写っている。

つまり、上半身だけで数メートルあるのだ。

写真はすぐに捨てたが、しばらくはK海岸に行くのが怖くなったそうだ。

【父島】戦跡ガイド（東京都）

濱幸成

二十代半ばで小笠原諸島の父島に移住して、もう三十年近く島に住んでいる遠藤さんという方がいる。

移住してから二十五年の間は会社員として働いていたのだが、島に住めば住むほどに美しい広大な自然や、この島でしか見ることのできない貴重な戦跡の数々に魅了されていき、五十歳を過ぎた頃からは父島の魅力を直接人に伝える仕事をしたいと思うようになった。

小笠原諸島は世界遺産として世界中にその名を広く知られており、毎年多くの観光客が島を訪れる。

来島手段は基本的に大型フェリーのみで、東京の竹芝桟橋から二十四時間かけて海を渡り、一度に多いときで八百人近い観光客が島へとやってくる。島にはその観光客を相手にするために多くのガイドがおり、遠藤さんもガイドに転職して島の魅力を発信していくことを決意した。

一口にガイドといっても様々な種類があり、「カヤックガイド」「ウミガメガイド」「トレッキングガイド」「戦跡ガイド」「ダイビングガイド」など多くの種類のガイドが島で活躍している。

これらのガイドは一人が数種類のガイドを兼任している場合も多いのだが、他のガイドとの差別化を図るためにやはり〝一番得意な分野〟というのははっきりとさせておく必要がある。

遠藤さんがメインにしようと考えたのは戦跡ガイドで、しばらくの間は父島で一番のベテラン戦跡ガイドのもとで修業を行い、それから独立して客を取るようになった。

ガイドとして独立してから半年ほど経ったときのこと、その日は一組のカップルに戦跡を案内していた。

朝から丸一日かけて山の中を歩き回りながら、山中に墜落した米軍飛行機の残骸、高射砲、防空壕、トーチカなどの解説をしていった。

一通り巡り終わったところで時刻は十六時を回っており、もうそこで終わってもよい時間だったのだが、ガイドを始めて間もなかった遠藤さんは気力に満ち溢れており、最後にお気に入りの場所を一か所案内してから終わることにした。

その日の最後に向かったのはとある山の中腹にある大きな防空壕で、その中には当時の旧日本軍が使用していた食器類などがいくつか落ちており、壁際には座ったまま眠るために掘られた浅い穴が開いている。

「この穴見てください。当時の旧日本兵はこの防空壕の中で横になって眠ることはできずに、こうやってこの穴に座って寝ていたんですよ」

遠藤さんはそう言うと、実際にその穴の中に座ってみせた。

「キツいですよね。でも、当時はこの防空壕の中にたくさんの兵隊がいたので、こうやって寝るしかなかったんです」

そう言ってスッと立ち上がった瞬間の出来事だった。

フワリ

首筋を冷たい人の手が撫でた。

遠藤さんは驚いて後ろを振り向くが、そこには誰もいない。

その様子を見て驚いたカップルが、「どうしたんですか!?」と口にするが、言ってしまうと怖がると思い、

「いや、蛾が首の後ろを通ったんですよ。この壕の中にはよくいるんですよね」

そう言って誤魔化した。

しかし、観光客は怖がってしまい気まずい雰囲気になったので、通常なら二十分ほどは解説できる防空壕だが、その日は十分ほどで切り上げてガイドを終えることにした。

現在ではガイドに転職して五年の月日が経っているが、あれ以降おかしなことは一度も起きていない。

父島に残る戦争の跡（写真AC）

【母島】母島の登山道（東京都）

濱幸成

　薫さんは小笠原諸島の母島で外来種を駆除する仕事を行っている。

　小笠原諸島が世界自然遺産に登録されたのは二〇一一年のことで、その一番の登録理由は豊かな生態系だ。

　小笠原諸島は過去に一度も大陸と陸続きになったことのない海洋島で、生物が独自の進化を遂げており、世界でもここでしか見ることのできない固有種が多く生息している。

　顕著な例がカタツムリで、小笠原諸島には百種類以上のカタツムリが生息しているのだが、そのうちの九十パーセント以上は固有種だ。

　そんな小笠原諸島が抱えている問題の一つに外来種問題がある。

　現在、小笠原諸島にはペットとして持ち込まれたグリーンアノールや、船の貨物などに紛れてやってきたクマネズミなどの外来種が数多く生息しており、動植物を食い荒らすことによって長い年月を経て出来上がった生態系を壊してしまう可能性が危惧されている。

　そのため、小笠原諸島の複数の島で行政からの依頼を受けた数社がグリーンアノールやクマネズミなどの外来種の駆除を日夜行っており、薫さんもその中の一人だということだ。

薫さんはこの仕事を始めて五年になるが、一度だけ不思議な経験をしたことがあるという。

薫さんが所属している会社は複数の駆除ルートを担当しており、その日その日で決まったルートにトラップを設置し、後日トラップの確認と回収をすることを繰り返しているのだが、その日に来たのは特別保護区域に指定されている母島のSという登山道だった。

Sはガイドなしでの一般人の入山は禁止されているエリアで、貴重な固有種の植物が多く生育しているエリアだ。

もう何十回と登っている登山道だったために慣れた道で、いつものメンバー五人で一時間半ほどかけて山を登るとトラップの確認と回収作業を始めた。

薫さん以外の四人は男性なのだが、この日は不思議と自分以外にもう一人女性がいるような気配を感じていた。

はっきりと目に見えたり声を聞いたりしたわけではないのだが、目には見えないもう一人の濃厚な気配だけが自分たちにつきまとっているような嫌な感覚だった。

三時間ほどかけて作業を終え、少し開けた場所で休憩している際にも、嫌な気配は濃厚さをどんどん増すように感じていたのだが、男性四人はいつも通りにこやかに世間話をしており、何も感じていないようだった。

そして、休憩が終わり山を下り始めた。

薫さんは最後尾を歩いていたのだが、十分ほど歩いたところで急に後ろから女性の声が聞こえた。

「すみません……」

驚いて後ろを振り返ったのだが、そこには誰もいなかった。

（あっ、今の反応したら駄目なやつだった！）

身体の中から恐怖が湧き上がり、すぐに前を向き直すと黙々と歩き続ける。

しかし、五分ほど経つとまた声が聞こえた。

「ねぇ待って……」

先ほどと同じか細い女性の声だ。

今度は絶対に振り向くもんかと前を向いたまま粛々と歩を進めた。

それから数十分の間は声が聞こえることもなく、無事に下山することができた。

駐車場に着いたときには、山の中で感じていた嫌な気配はすっかりなくなっていた。

また、駐車場には自分たち以外の車はなく、その日Sに登っていたのは薫さんたちのチームだけだった。

【硫黄島】水溜まり（東京都）

濱幸成

小笠原諸島の硫黄島。

この島では第二次世界大戦中に、約二万人の日本兵がほぼ全滅という悲惨な戦闘が行われた。

そして、そういった歴史のせいかいまだに幽霊の話は絶えない。

基本的に現在硫黄島に滞在しているのは自衛隊とその給食委託会社、そして硫黄島で工事を行っている業者のみで、一般人が立ち入ることはできない。

ただ、遺骨発掘、道路整備、慰霊祭などの場合は特別に許可を得た業者や、父島、母島の島民も訪れることができ、その際にも様々な不可思議な現象が起こるのだという。

この話をしてくれたのはTさんという父島在住の男性で、数日間の仕事のために硫黄島を同僚たちと三人で訪れたときに起こった話だ。

三人は来島者用の宿舎に泊まり、日中は作業をして、仕事が終わると島の温泉に入り疲れを癒した。

島の宿舎ではいろんなことが起こるという噂もあるし、実際にTさんが過去に仕事で来島した際にも不思議なことは起こった。

その時は、島に来て一日目の夜、Tさんがベッドに横になっていると宿舎の周辺を誰かがお経を上げながら歩き回る声が聞こえてきた。

（誰だよ！　こんな時間にお経上げてる奴は！　気持ちわりぃじゃん！）

頭に来たTさんは懐中電灯を持って宿舎の外に出て、お経を上げている人物を注意しようとしたのだが、外に出たときにはすでにお経はやんでおり、外には誰もいなかった。

そして、翌日確認すると誰もお経なんて上げていないということがあった。

今回もそんなことがあったら気味が悪いなと思っていたのだが、不可思議な現象は起こらないままに時が過ぎ、あっという間に最終日を迎えた。

宿舎を引き払うにあたり、最後に自分たちが使用した部屋の掃除をするのだが、三人で部屋を掃除し終わってからTさんが部屋を出ると、部屋の前の廊下に大きな水溜まりができている。

「おい！　ここに水こぼしたの誰だよ！」

せっかく掃除が終わったと思ったのに、誰かが水溜まりを作ったまま放置していることに腹を立てたTさんは少しキツく同僚の二人を問い詰めた。

しかし、二人は水溜まりなんて心当たりがないという。

おかしいなと思いながらもしょうがなく水溜まりを掃除し、最後に英霊たちの墓に手を合わせに行く。

そして、墓に来てから気が付いたのだが、墓に供えるための水が入ったペットボトルを持ってくるのを忘れてしまっていた。


硫黄島の戦いでは、劣悪な環境で一ヶ月以上のゲリラ戦を行ってアメリカ軍に大規模な打撃を与えつつ、旧日本兵も次々に亡くなっていった。

当時の苦境は米兵との戦闘だけでなく、水不足も深刻な問題であった。

硫黄島には川はなく、僅かな雨水を飲みながら苦しみぬいて戦い散った英霊のために、島を訪れた人々は墓に水を供えることが恒例となっている。

Tさんたちは、先ほどの水溜まりは「水を忘れているぞ」というメッセージだったのではないかと考え、急いで宿舎に水を取りに戻り、しっかりと水を供えた上で手を合わせた。

父島に帰島後、硫黄島に持っていっていたリュックサックから荷物を取り出して片付けをしていたTさんは、水筒がやけに軽いことに気が付いた。
　その水筒は前日の夜に満タンにし、日中には少ししか飲んでいなかった。
　しかし、水筒を開けてみるといつの間にか中身は空になっていた。

硫黄島の摺鉢山(写真AC)

【答志島】くらやみさん（三重県）

影絵草子

高松さんの故郷は、答志島《とうしじま》。三重県にある離島である。

漁業も盛んで、海賊、九鬼水軍《くきすいぐん》が本拠にしていた島だ。

そしてこれは、記憶にまつわる話である。

日本には土地により様々な「数え歌」が存在するが、ある「数え歌」が彼女の耳から離れないのだ。


彼女は幼い頃、同じ答志島のおじさんの家に預けられたことがあった。

おじさんの家は古く、たいそう不気味だったが、広々としてまるで大名屋敷のようだったという。

そのおじさんの家に泊まって、三日目の夜、おじさんから祭りに誘われた。

夜店を転々とし、いつの間にかおじさんとはぐれ、町外れに来てしまった。

これはいけないと思い家に帰るが、おじさんはまだ帰ってきてはいなかった。

ただ、十畳ほどの居間に自分と同い年くらいの着物の娘が三人いる。

「誰……？」

そう声をかけるや否や、娘たちは、顔を上げた。

皆、白粉《おしろい》を塗り唇には赤い口紅を引いている。


『一緒にあそぼ』


そう三人に言われる。

声色まで同じである。


何をして遊ぶのかと思ったら、布で、目隠しをして暗闇を歩き回るだけの、「くらやみさん」と呼ばれる遊びらしい。

数え歌を歌った後に、「くらやみさん、くらやみさん、手の鳴るほうへ」と繰り返す。

どうやら、娘たちの声をたよりにつかまえたら勝ち。

そのような単純な遊びらしい。

けれども、必死になってつかまえようとするが、袖さえ掴めない。

鈴が鳴るような娘たちの声が重なり、まるでたくさんの人間に囲まれているような気になる。

ようやく服を掴み、

「つかまえた！」

と言うと、何か様子が変だ。


娘じゃない。

大人の身体である。

目隠しをはらりと取ると、おじさんが恐い顔をしてそこに立っている。

おじさんは自分をキッとにらみ、「誰と遊んでた？」と詰問する。

「この子たちだよ」

と、振り返るがそこにはアリの子一匹いない。

結局、おじさんにさんざん怒られて、五泊するところを泊まらないまま四日目で帰らされた。

家に帰ってからも、あの娘たちと遊んだときに聞いた数え歌が、ずっと頭から離れない。

ただ一度、あの夜聞いただけの歌が、記憶の底に埋め込まれてしまった。

おじさんは、おばさんが亡くなってからは一人暮らしで子どももどころか孫さえいない。

だからあの三人の娘は一体誰だったのかはわからない。


ただ、今も時々「くらやみさん、くらやみさん」と口ずさんでしまうことがあるという。

あの夜に見たのと同じ暗闇から何かを呼ぶように。

すなわち、自分が今度は追われる番になったようである。


取材してる間にも高松さんは、「くらやみさんくらやみさん」と呟いている。

いつかそうしてるうちに本当に何かを暗闇から呼んでしまうのではないだろうか。

【犬島】犬島の化け猫（岡山県）

月の砂漠

瀬戸内海に浮かぶ離島の一つである「犬島」は、岡山市の港から十分程度で行ける小さな島だ。岡山県唯一の有人離島でもある。

かつては採石場や銅の精錬所があり、多くの出稼ぎ労働者で島の繁華街は賑わっていた。人口も二千人近くまで増えたと聞くが、産業の衰退と共に住民も流出し、今では五十人にも満たない過疎地域だ。

とはいえ、精錬所跡地を改修した美術館は有名で、映画やドラマのロケ地になることもたびたびあり、島を訪れる観光客は今でも多い。

大阪で会社勤めをしている西田さんも、十数年前の夏、妻子を連れて、キャンプ目的で犬島を訪れたことがあった。

「海水浴場に面した良いキャンプ場やったね。銅の精錬所の名残で、あちこちにレンガの壁跡が残っとるんやけど、そういう景色も雰囲気があって良かったね」

キャンプ自体は大満足だったという西田さんだが、一つ、現地で奇妙な体験をしたという。

「化け猫に会いましてね」

それは、キャンプ初日の夜だった。夜中、尿意で目覚めた西田さんは、家族を起こさないようにテントを出て、管理棟にあるトイレへ向かった。

その途中、猫の小さな鳴き声を耳にしたのだ。

「昼間、散歩したり、海釣りしたりしているときは、野良猫の姿なんて見んかったんです。あのキャンプ場はペットの持ち込み禁止ですし、変やなぁと思って」

もっとも、昼間は物陰に隠れていた野良猫が夜になって徘徊し出すことは、めずらしいことでも何でもない。だが、その時聞いた鳴き声は、妙に悲しげだったと西田さんは語る。

「私は猫好きやから、何となくそういうのがわかるんですよ。感覚的なもんやから、説明しにくいんやけど……」

用を足し、喫煙スペースで一服していると、また、どこからともなく、

「にゃ〜お、にゃ〜お、って。やっぱり、悲しい声に聞こえてしもうて」

気になった西田さんは、野良猫を捜して周囲を歩いてみた。鳴き声は次第に大きくなり、数も増えているように感じた。

海の方まで行くと、ちょうど水辺の辺りで黒い小さな塊がもぞもぞと動いているのを見つけた。

「黒い仔猫が溺れとったんです。助け出さなと思って、慌てて走り寄りました」

西田さんは仔猫の胴体を両手で摑み上げた。

その瞬間、普通の猫を触ったときとは明らかに違う感触が指先に伝わった。

「たとえて言うなら、豆腐の中に指を突っ込んだような感じで」

西田さんは思わず、ヒッと小さく声を漏らした。それを合図にしたかのように、仔猫が西田さんの方を振り向いた。

「瞳が六つあったんです。すべて白目を剝いて、苦しそうに、こちらをにらみ付けていて」

驚いた西田さんは、反射的に仔猫を放り投げた。

仔猫は地面に落下すると同時に、ビチャッという嫌な音を立てて潰れた。

そこには、子どもがイタズラで作ったような泥団子があるだけで、猫の姿など、どこにもなかった。

狐につままれたような思いで、西田さんはテントに戻った。心中は穏やかではなかったが、妻子を起こして話をするのもためらわれた。今夜はひとまず寝てしまおうと、寝袋に入り直して、仰向けになった。

「そうしたら、天井一面にびっしり、猫の瞳が映っていたんですよ。それ見たら、スーっと気が遠くなってしもうて」

気が付いたら、朝になっていたという。

「妻や息子に話しても、しょうもない夢を見たんやと笑われるだけで。でも、絶対に夢やなかったんです」

収まりのつかない西田さんは、大阪に帰った後、犬島の猫について、ネットであれこれと検索してみた。

だが、化け猫に関する噂など、一つもなかった。

「ある時期、島内で増えすぎた野良猫を保健所が一斉駆除したっていう記事はあったんやけど……そんなん、そこまでめずらしい話でもないしなぁ」

西田さんはその後も何度か、息子にせがまれる形で、犬島のキャンプ場を訪れている。

「地元の人にも、それとなく尋ねてみたんやけど、誰一人、化け猫なんて見たことないそうですわ」

かく言う西田さん自身も、二度目以降の来訪の際は、化け猫はおろか、一匹の野良猫の姿すら見ていないのだという。

【情島】正解の数（広島県）

月の砂漠

「二十歳の時、大学の夏休みを利用して、旅人をやっていたんです。もう五年前のことか。時の流れは早いなぁ」

そう言って笑うのは、橋田さんという男性。日焼けした肌と白い歯がまぶしい好青年だ。岡山の生まれで、今は神戸の建設会社で営業職をしている。

「丸二ヶ月掛けて、瀬戸内海の島をいくつか巡りました。厳島《いつくしま》とか小豆島《しょうどしま》とか有名な所から、人が十人も住んでいないような小さな島まで、二十いくつ」

その頃、ちょうど失恋して落ち込んでいたという橋田さん。若者らしいセンチメンタリズムに突き動かされ、単身、傷心旅行に出た。旅の相棒は、父親から大学の入学祝いにもらった一眼レフカメラ。島から島へと渡り歩き、写真家気取りで各地の風景を撮影して回った。

「どの島でも、人が温かくて。楽しい思い出だらけなんですが……一つだけ、いまだによくわからないことがあって」

それは、広島県呉市に属する「情島《なさけしま》」での出来事だった。

阿賀港《あがこう》という漁港から、定期船で二十五分ほどの距離に情島はある。島民が数人しかいない、小さな島だ。

「その情島に、七不思議と呼ばれる伝承があるんです。島内で奇妙なことが起きた場所の記録らしいんですが」

当時のメモ帳らしきノートを開きながら、橋田さんは説明してくれた。

「夫婦岩の馬殺し、火の釜の洞窟、粟八斗島の鯛の巣、天狗の腰掛松、潜り岩、水有り、水場。この七つですね」

情島に七不思議があるという話自体は、地元の郷土資料にも記されており、知る人も多いようだ。だが、その中身は、ほとんど詳《つまび》らかになっていないという。

「高齢化と過疎化のせいで、いつしか忘れ去られてしまったんだそうです。港で会ったおじさんが、そう教えてくれました」

橋田さんは七不思議に興味を持った。

「謎解きゲームみたいで面白いでしょ。まとめてSNSにアップしたら、少しバズったりしないかなとか思って」

阿賀港に戻る定期船が来るまでの数時間、島内を散策し、それらしき場所を探してみることにした。

「夫婦岩の馬殺し、っていうのは、場所も伝承もはっきり残っていたんですよ」

二つの大きな岩があり、その岩が突然接近して、通行中の馬を挟み殺してしまった、という言い伝えなのだそうだ。

「港のおじさんが、場所を丁寧に教えてくれて。山の奥でしたよ。疲れたし、時間もだいぶ食ったけど、無事に行けました」

だが、残りの六つは情報が少なすぎた。何人かの島民にも尋ねてみたが、内容はあやふやで、場所も曖昧だった。

「だからもう、適当に自分の勘で。ここは天狗の腰掛松っぽいなとか。これが潜り岩ってことでいいや、とかね」

元々険しい山地が多く、自由に歩き回れる範囲が少ない島だ。短時間で行ける場所は限られていた。それでも、どうにかこうにか七不思議リストを完成させた。

「それで、その日の夕方には島を離れて、呉市まで戻って、安ホテルに泊まったんですけど……」

夜。部屋で荷物の整理をしていたら、リュックの中に、タバコの箱サイズの平べったい石が、四つ入っていた。

「こんな石、拾った覚えがないんです。それも四つも。子どもがイタズラで入れたのかと思ったんですが、情島で子どもなんかと会ってないし」

無意識に拾ったのだろうかと首を傾げながら、何気なく小銭入れの残金を確認すると、そこでも、妙なことがあった。

「四百四十四円、入ってたんです。百円玉、十円玉、一円玉が全部で四枚ずつ」

橋田さんの記憶にある残金とは、だいぶ違っていた。だが、メモを取っていたわけでもない。きっと、どこかの自販機でジュースでも買ったのを忘れているのだろうと考えた。

「その後、部屋の風呂に入ったんですが……」

シャワーを浴びると、右脛がヒリヒリと染みた。山歩きをしたから擦り傷でもできたのかと思い、傷んだ箇所を見た。

「切り傷の痕が、四本」

猫に引っ掻かれたような筋状の痕だった。無論、猫に襲われた記憶はない。どこで負った傷か、まったくわからない。

風呂上がり、何となく落ち着かない気持ちで缶ビールを飲みながら、情島で撮った七不思議の写真データを見返した。

橋田さんは思わず「何だよこれ！」と声が出てしまった。

「四か所の写真はきれいに撮れているのに、残りの三か所は、逆光だったり、ブレブレだったりして、一枚もまともに撮れていなかったんです」

一か所につき五、六枚の写真を撮っていたが、何故か、三か所だけ、すべての写真が駄目になっていた。

その時、橋田さんの頭にふと、一つの仮説が浮かんだ。

「これ、七不思議の場所のうち、正解は四つだけ……っていう暗示なんじゃないかと思って」

先ほどから自分に付きまとう「四」という数字が、急に重大な意味を持っているように感じられた。

まるで、得体の知れない『何か』が自分をずっと監視していて、正解の数を知らせてくれているのではないかと思えた。

橋田さんは急に背筋が寒くなってきた。

「謎を全部解き明かしたら、何かしらの『ご褒美』か『お仕置き』があるんじゃないかって思って。それって、どっちにしろヤバいかもって」

結局、橋田さんは七不思議の写真をＳＮＳにアップするのをやめたという。

「もう一個、不思議なことがありまして」

橋田さんは苦笑いしながら言う。

「一枚もまともに撮れてなかった、三か所の写真。島のどの辺りで撮影したのか、まったく覚えてないんですよ。そこだけ、見事に記憶からすっぽり抜け落ちていて」

鞄に入っていた平たい四つの石も、いつの間にか、なくしてしまっていたという。

【向島】煮干し（広島県）

夕暮怪雨

広島県尾道市の一部である向島《むかいしま》。向島は尾道本州側の南対岸に浮かんでいる島だ。尾道水道と呼ばれる約三百メートル幅の海峡。そこをフェリーなどで渡り、たくさんの観光客が訪れている。

瀬戸内海の穏やかな気候と美しい海。そんな向島で優香さんはのびのび育ち、生活していた。周囲の人間に恵まれ、特に祖父に可愛がられた。祖父は以前、拝み屋を生業にしていそうだ。

同居している優香さんの両親はそういった類を信じず、祖父と折り合いが悪かった。祖母とも離別し、老後は寂しく過ごしている。

だからその分、孫である優香さんを可愛がっていたのだろう。優香さんも祖父に懐き、幼い頃はアヒルの子のように後ろに付いていた。それを見て近所の人たちは、和やかに笑っていたそうだ。

けれど優香さんが高校生の頃、祖父も高齢のためか体調を崩してしまった。病院で寝たきりになり、家に帰ることもできない。優香さんは学校が終わると毎日、見舞いへ向かった。

　ある日、病室へ入ると祖父に頼まれ事をされた。手にはビニール袋を持っており、何かが入っている。

「これを自分が亡くなるまで仏壇に供えてほしい」と祖父は話した。

　よく見ると袋の中身は単なる煮干しだ。

（料理にでも使うのか？）優香さんは首を傾げた。理由を尋ねると、祖父は詳しい説明をしてくれた。

　誰の魂も込められていない仏壇は空き家みたいなもの。

　だから煮干し（死骸）を供え、悪いものが先に侵入しないよう防ぐ。もし悪いものが先に入ってしまうと、本来入るはずの人間の魂は行き先がなくなり、彷徨ってしまう。

　どうやら元は尾道本州側、一部地域の風習らしい。祖父は自分の死期を悟り、優香さんにそれを託した。そして彼女は半信半疑ではあるが、首を縦に振った。

　家に戻り、早速預かった煮干しの袋を仏壇に供えようとする。しかし両親に見つかってしまう。祖父に頼まれたことを伝えるが、

「気味の悪い迷信だ、馬鹿らしい」と言葉を返され、煮干しを取り上げられた。優香さん

自身も祖父の話した内容は信じ難いと感じた。

「まぁいいか」そんな軽い気持ちで、煮干しを供えることを諦めた。

それからすぐに祖父は亡くなった。優香さんは深く悲しみ、折り合いの悪かった両親もその時だけは丁寧に葬儀を行ってくれた。

「きっとお爺ちゃんも満足しているだろう」優香さんは胸を撫で下ろした。

けれど祖父の葬儀を終え、しばらく経過した夜。優香さんは突然目を覚ました。声が聞こえるのだ。それも仏壇が置いてある和室から。

彼女は飛び起き、寝ている両親を起こさぬよう和室へ向かった。

部屋の前に辿り着くと、扉越しに男の声が聞こえた。反射的に祖父の顔が浮かんできた。

「お爺ちゃん！」

優香さんは大きく声を出して引き戸の扉を開いた。部屋には誰もいない。

そして仏壇の中にある位牌から、ゲラゲラと野太い男の笑い声がした。声は部屋中にけたたましく響く。絶対に祖父の声ではない。それだけは確信する。

その時、優香さんは煮干しを供えなかったことを初めて後悔した。

（悪いものが入ってしまった）それが何者かはわからない。

両親にそれを伝えても、

「馬鹿なこと言うな」と呆れた表情で返されるだけだった。

それからも夜中になると、覚えのない男の声が仏壇から響いているのが聞こえる。

祖父の魂はどこへ行ってしまったのだろう。それを知らない両親が毎朝、祖父でない何者かに向けて線香をあげている。

今日も祖父の遺影が「何故約束を守らなかった」と物憂げに、そして訴えるように優香さんを見つめる。

【高島】お伊勢岩（島根県）

月の砂漠

島根県の高島《たかしま》は、七戸島という異名を持つ。七軒程度の世帯しか住めない小さな島、という意味だ。かつては百人を超える人々が暮らしていた時代もあったが、度重なる土砂災害の影響もあり、昭和五十年までにはすべての島民が対岸の益田市に移住した。それ以来、ずっと無人島のままだ。


「うちの親父が益田の人間で、若い頃、高島までよく遊びに行っていたそうなんですよ」

そう教えてくれたのは、東京の下町で喫茶店を営む田宮さんという男性だ。きれいに整えられた口ヒゲをさすりながら、にこやかに話す。

「親父は土木関係の仕事をしていたんですが、同僚に高島出身のAさんという人がいて、仲良くなったらしくて」

田宮さんの父親である潔さんの年齢を考えれば、昭和四十年頃のことだろうか。潔さんは、Aさんや他の数人の仲間たちと共に、高島で磯釣りをするのが好きだったという。

ある時、潔さんはAさんから、高島に伝わる「お伊勢岩」の伝承を聞いた。それは、簡単にまとめると次のような話だ。

昔、本土から高島に嫁いできたお伊勢という美女がいた。

お伊勢は高島の退屈な生活に飽き、親元に帰りたいと望むようになった。ひそかに泳ぎを練習し、時節を見計らって、ついに島から泳いで抜け出した。高島と本土との間は約十二キロだから、不可能な距離ではなかった。

対岸まであと僅かという所に、岩礁があった。お伊勢はその岩の一つにつかまり、休息を取った。もう少しで自由になれるという安堵感と、ここまでやってきた疲労感とが重なり、つい気が緩んで眠ってしまった。お伊勢は哀れなことに、そのまま溺れて落命した。

以来、この岩礁は「お伊勢岩」と呼ばれ、月夜の晩に、岩の側で女のすすり泣きが聞こえるという噂が広まった。

地元の民謡には、このお伊勢を唄ったと思われる歌詞も残されており、島民の間では有名な怪談だったという。

「それで、この話を聞いた親父がね、よせばいいのに変なスイッチが入っちゃったみたいで」

潔さんは、その岩礁まで行ってみよう、と言い出した。伝承の真偽を確かめてみようぜと。

仲間たちには、乗り気な者も渋る者も両方いたが、結局、みんなでお伊勢岩まで泳いでいくことになった。さすがに夜は暗くて危険なので、昼間なら、ということで話がまとまった。

「それでも、まあまあ危険ですよね。実際、お伊勢さんは力尽きて死んでいるわけですから」

しかし、日頃から土木仕事で鍛えられている潔さんたちは、体力には自信があった。それほど苦労せず、目的の岩礁まで辿り着いた。

「お伊勢さんの声が聞こえるかな？　って、耳を澄ましたそうですよ」

しばらく静かにしていたが、潔さんの耳に届くのは、穏やかな波の音ばかりだった。伝承なんてこんなものだよと、潔さんたちはケラケラと笑い合った。

次の瞬間、潔さんは誰かに腰を強く摑まれた。

「凄い力で、しがみつかれたって」

そのまま、海中へと引っ張り込まれた。突然のことに、泳ぎと体力には自信がある潔さんも、さすがにパニックになりかけた。懸命に手足をバタつかせると、足裏に硬いものが当たり、その反動で海面へ上昇できた。

「振り向いたら、Aさんが海中から上がってきて『ほんの冗談だよ』って笑ったらしくて」

Aさんがイタズラ心を起こし、潔さんを引っ張ったのだ。もがいた潔さんの足裏に当たったのは、Aさんの頭だったというわけだ。

「親父、さすがにキレたみたいですよ。イタズラならもっと力を加減しろよ、って」

Aさんは『軽くやったはずだけどなぁ』と首を傾げた。

潔さんは『あんなに力一杯腰にしがみつかれたら、いくら俺でも本当に溺れるかもしれないだろ』と怒鳴った。

「そしたら、Aさんがきょとんとした顔をしたんですって」

腰にしがみついてなんかいない。俺は潔の左足首を摑んで、少し引っ張っただけだ。

Aさんは語気を強めてそう反論したという。

他の仲間たちに、それ以上ケンカするなと仲裁され、潔さんも一旦は鉾を収めた。そのまま言葉少なに対岸まで泳いだ。

船着き場に上がると、潔さんの身体を見た友人たちがアッと声を上げた。

潔さんの腰の両サイドに、真っ青な痣ができていたのだ。

まるで、五本の指で強く摑まれたような痕だった。

潔さんは再びAさんを詰《なじ》った。こんな痣になるほど摑むなんてひどいじゃないかと。

だが、Aさんは否定し続けた。絶対にやっていないと首を横に振った。

「親父、必死だったそうです。だって、Aさんがやったんじゃなければ、腰を摑んだのは一体誰だ？　ってことになっちゃうじゃないですか」

結局、話は平行線のまま終わり、潔さんは不機嫌なまま帰路に就いた。腰の痣は、翌朝にはすっかり消えていたという。

「以来、親父とAさんは何となく気まずくなって、勤務場所が別々になったのを機に、遊ばなくなったみたいです」

だが、それから数年経ってのことだ。

「親父のもとに、Aさんが亡くなったって連絡が届いて」

Aさんは川遊びをしている最中に、不慮の事故で溺れ死んだということだった。

「親父、その一報を聞いたときにね、何となく腰がうずいたんですって。それで、服をめくって見てみたら」

とっくの昔に消えたはずの腰の青痣が、くっきりと浮かび上がっていたのだという。

「親父、Aさんの葬式は行かなかったそうです。その代わり、近所の神社にお祓いに行ったって」

しばらくすると、痣はまた消えた。潔さんは、言葉にならない不気味さと安堵を感じたという。

「親父は酔っ払うとしょっちゅう、この話をしましたね。笑いながら話していたけど、今思うと、笑い話にすることで、恐怖を紛らせていたのかもしれないですね」

そんな潔さんも、数年前に病気で亡くなった。

「死ぬ間際は呼吸が苦しそうで。まるで海で溺れているみたいに見えて、可哀想でしたね」

潔さんを納棺する前、田宮さんは家族と一緒に、その身体を拭き清めようとした。

「そしたら、出てたんですよ、腰に。真っ青な痣が」

納棺師と相談して、白粉を施し、痣をきれいに隠してから、死装束を着せたという。

「あのまま火葬したら、何だか、成仏しない気がして」

そう言いながら、田宮さんは慣れた手付きで、コーヒーをカップに注いだ。

【志々島】ご神木の祟り（香川県）

月の砂漠

瀬戸内海に志々島《ししじま》という離島がある。行政区分は香川県で、周囲が四キロ弱の小さな島だ。現在の人口は僅か二十人ほどで、島内にはコンビニも自動販売機もない。

そんな志々島だが、県内や近隣県からの観光客は案外多い。天空の花畑と呼ばれる一帯には、春になるとネモフィラやマーガレットが鮮やかに咲き乱れ、港には島のアイドル的存在のヤギが飼育されている。この島は「インスタ映え」に適した場所といわれているのだ。

中でも、最も観光客を集めているのは、樹齢千二百年を数える大楠だろう。いわゆる、島のご神木である。

上り坂の細い路地を看板の案内に沿って歩いていけば、港から約三十分で、その雄大な姿と対面することができる。高さ二十二メートル、四方に伸びる枝の長さも二十メートルというから、圧巻の巨木だ。

「二十年くらい前、高校生の時。志々島の大楠を見物に行ったんよ」

そう語り出したのは、今は大阪を拠点に長距離トラックのドライバーをしている浜口さんという男性だ。

香川県内で生まれ育った浜口さんは、春休みに三豊《みとよし》市の港から志々島へ渡った。気の置けない男友達四人との小旅行だった。志々島の大楠は、その頃からパワースポットとして知られていたという。

狭い島内を散策しながら、お目当てのご神木に向かった。初めて目の当たりにした大楠は、想像していたより遥かに巨大で神秘的で、浜口さんたちは一様に感嘆の吐息を漏らした。

「このまま見物だけで終わってればよかったんやけど、その後が問題でなぁ……」

同行者の一人であるAさんが、ご神木の枝を折って記念に持ち帰ろう、と提案してきたのだ。

「Aの奴は、いまだにそうなんやけど、あの頃は特に、いきった奴でなぁ」

Aさんの提案に、浜口さんは顔をしかめた。ご神木の枝を折るという行為は、心理的に抵抗が強かった。祟り、という物騒な言葉が、ぼんやりと頭に浮かんでいた。

「躊躇してたら、Aの奴が『お前ビビってんなぁ』って挑発してきて。それで、アホか、なめんなよと」

引き下がれなくなった浜口さんは、ためらいを封じ込めた。よっしゃ、やってやろうやないか、と威勢よく言い、ご神木の枝に飛びついてぶら下がろうとした。

「でもな、Aの奴もほんまはビビってててん。ご神木はさすがに硬そうやからやめとこかって、ひよりよった。ほいで、ご神木の近くにあった普通の木の枝を、力任せにボキッて」

四人それぞれ、適当な木を選んで枝を一本折った。それを戦利品のように頭上に高く掲げて、はしゃいでみせた。近くにいた何組かの観光客は、そんな浜口さんたちを批難するような目でにらんでいたという。

「ところが、そこからおかしなことが起きたんや」

帰宅し、リュックに放り込んでいた木の枝を取り出した。すると、きれいに真っ二つに裂けていた。

「裂けるチーズみたいに、べローンって。そこそこ硬い枝がやで。何でそないな風になるんかいと思うやんか?」

とはいえ、しょせんは木の枝。古くて中が腐っていれば、自然とそうなることもあるかもしれないと思い、気にすることをやめた。

「ただ、漠然とした不安は残ったな。上手く言えんけど、何か嫌な感じやったんや」

そして、島から帰宅して三日後。

大きな事故が起きた。

「旅行以来、四人で会うてな。みんなで夜中にバイク走らせてたんや。そしたら……」

先頭を走っていたAさんが、雨でもないのに突然スリップした。それに巻き込まれる形で、浜口さんたちは次々と転倒してしまった。

「全員、腕を骨折や」

浜口さんは全治六ヶ月。傷口から骨が飛び出るほどの大怪我だった。

「右腕が、ひじからもげそうになったんや。べローンって千切れかかっとった。それ見てな、痛みで気が遠くなりながら、あの裂けた木の枝を思い出してたんや」

四人は同じ大部屋に入院した。さすがに意気消沈し、誰もが無口だった。そんな中、浜口さんは、包帯を巻かれた仲間たちを交互に見ていて、あることに気が付き愕然とした。

「あの時、ご神木の右側にあった木の枝を折った奴は、右腕を骨折してたんよ。ほいで、左側の枝を折った奴は、左腕や」

浜口さんは、そのことをみんなに話した。

「もうみんな、ビビりまくってもうて。これはあかん、完全に祟りやって」

退院するやいなや、全員で地元のお寺に厄落としに行き、必死でご神木に謝罪した。

その後は幸い、今に至るまで、誰も事故を起こしていないそうだ。

「命に別条がなく、後遺症も残らず済んだのは儲けもんやったと、医者には言われたな。Aなんかは、指に障害が残ってもうてるからな」

田口さんはフーッと一つ大きな溜息を吐きながら言う。

「もし、あの時、ご神木本体の枝を傷つけていたら、俺ら今頃どうなってたんやろうな。今でも寒気がするわ」

志々島の大楠（写真 AC）

【個人所有島】壺の中身（長崎県）

夕暮怪雨

九州地方の海沿いに住んでいる光治さん。彼の家には、古くから独特な風習があった。その家の者たちは年老いると、所有している島へ住居を移す。そんな習わしだ。それは光治さんが生まれる何代も前から行われていた。その島は浜から肉眼でも見え、小さなボートでも簡単に渡れるほどの距離にあった。だが移住する者たち以外、決して島に入ってはいけない。そんな暗黙の決まりがあったそうだ。

光治さんが十八歳の頃、祖父母が島へ移住することになった。光治さんは祖父母に幼い頃から懐き、二人との別れを最後まで惜しんだ。けれど祖父母は悲しみを微塵も感じさせない。むしろ彼に「あそこは楽園だ」と楽しげに、そして待ち遠しそうに話した。両親からも寂しさの欠片も表れず、涙を流す光治さんの肩をさすり宥めたそうだ。

祖父母が島を渡り、しばらくしてから。光治さんは寂しさで、毎日のように浜辺で島を眺めていた。ある時、島から煙が上がっていることに気づいた。「祖父母が焚き火をしているのだろうか？」そんな考えが浮かぶ。島には電気や水道もないと聞いていたからだ。老いた身体には不便だろう。そう二人の身を案じた。

心配でたまらなくなった光治さんは、幼馴染の友人に島の話をした。友人は面白がり、「内緒で島へ行ってみないか？」と提案してきた。光治さんも祖父母の顔をもう一度見たい。そんな気持ちが強かった。約束を破ることになる。けれど気持ちはすでに決まっていた。すぐにボートを用意し、明るい時間に島へ向かった。

島へ上がると草木は生い茂り、手入れをしている気配もない。それに島は思っているより広い場所でもなかった。草木を掻き分け奥へ向かうと、すぐに古びた平家の建物を見つけた。他に建物は見当たらない。「二人はここに住んでいるのか」そう思い、扉へ近づいた。鍵は開いている。扉を開け、中へ入るが人の気配はまったくない。狭く殺風景な部屋が目の前にあるだけだ。ふいに視線を下げる。視線の先に壺らしきものが見えた。それはびっしりと床に敷き詰められている。壺には一つずつ名のような文字が記されていた。

その中には何故か、祖父母の名が書かれている壺もある。光治さんは目の前の壺を見て、得体の知れぬ恐怖を感じた。蓋を開け、中を見る勇気さえない。「早く、島から出たい」

先ほどまで祖父母に会いたいと思った感情は、あっという間に立ち消えていた。状況を飲み込めていない友人に声を掛け、急いで島を後にする。

ボートに乗り、波に揺られていると友人が島の方を指差した。光治さんは視線をそちらに向ける。すると島から煙がゆっくり上がっているのが見えた。ただ祖父母が焚いた煙ではない。それだけは理解した。友人と別れ、自宅へ戻った。本来なら移住する者以外、決して入ってはいけない島だ。あの異様な光景を両親に話すこともできない。それから十年以上が経過した。先日、両親があの島へ移住した。島へ渡る際、光治さんに「楽園へ行く」と祖父母と同じように満面の笑みで話した。

両親が去ってしばらく、浜辺で島を眺めていると、煙が上がっていることに気づいた。「あの時と同じだ」当時の記憶が蘇り、両親はもう「あの壺の中かもしれない」と直感的に思った。だが、誰があの煙を焚いているのか。あの壺を用意したのは何者なのか。すべてがわからない。ただ自分もいつか「楽園」へ渡り、壺の中へ入りたい。そんな自らの気持ちの変化に光治さんは気づいた。現在、彼は一緒に島へ渡ってくれる相手を探しているそうだ。

【奄美大島】ケンムンの話（鹿児島県）

小原猛

名瀬の都市部に住む尾谷さんは、小さな頃に家の近所の公園でよくケンムンに石を投げられたという。

どうも屋根のない場所でケンムンの話をすると、耳のいいケンムンはそいつを見つけて小石を投げてくるのだという。だから両親などは、決して空が開けた場所でケンムンの話をしてはいけない。絶対に屋根があるか、あるいは完全な室内で話をしなさいと言っていた。

だがまだ小学生だった尾谷さんは、そんなことを心から信じていたわけではなかった。

しかし小学校三年生の頃のことだった。たまたま道を歩きながら、尾谷さんは同級生とケンムンがいるのかどうかの話になった。

「えー、絶対いるよ！」と同級生は言った。

「いるわけないさ。あれは昔話だよ！」

と、その時のことであった。どこからかヒューと物が飛んでくるような音がしたかと思うと、近くのアスファルトの上にこぶし大の岩が飛んできて落ちた。

ガツンという音がして。岩は真っ二つになって転がっていった。二人は歩くのをやめ、その場に凍り付いてしまった。

「ケンムンだ！」尾谷さんが言った。同級生も震えながら同意した。

やがて二人は道を全速力で逃げ始めた。ところが岩はあとからあとから飛んできた。わあっと悲鳴を上げても、岩はまるで火山弾のように飛んでくる。やっと見つけた公園の屋根のある休憩場所に二人は滑り込んだ。

岩はしばらくコンクリート製の屋根の上に落ちていたが、やがて来なくなった。

「ケンムン様、ごめんなさい、ごめんなさい！」

二人は平謝りしたが、怖くてその場所を動けない。約一時間も休憩所のテーブルの上で、ただぐったりとしていた。

「あのさ、僕知ってるわけ」と落ち着いた頃に同級生がそう言った。「ケンムン様の本名ってあるんだって。アザガワリって言うんだって」

「お前、なんてことをいうんだ！」

「あとネブザワとかジロー、タローともいうんだって」

それらはすべてケンムンが呼ばれると嫌う名前だった。すると今度は空から砂のようなものが一斉に落ちてきて、二人はあまりの怖さにそこを出て、家まで必死に走って帰った。

家に帰ったとき、泣きはらした顔で玄関に滑り込んだ。母親は尾谷さんが砂だらけでおでこには石がぶつかったような痕があったので、どうしたのかと尋ねると、青空の下でケンムンの話をしたらこうなったと伝えた。

「もう二度とそんな話はしないで。やったら晩ご飯抜くからね」と母親は厳しい表情で言った。

それから、である。別にケンムンの話をしなくとも、その公園の近くを歩いているだけで、小石が飛んでくるようになったのは。おそらくケンムンに目を付けられてしまったのだ。その公園は家から小学校に通じる唯一の道だったので、そこを通らないわけにはいかなかった。そのせいで中学を卒業するまで、何度も小石や砂をかけられたという。そんなケンムンの嫌がらせも、高校生の時にはパタリとやんでしまった。その公園が取り壊されて、アパートになったのである。噂ではその公園にあったアコウの木にケンムンが住んでいたという。

【奄美群島】三叉路の家（鹿児島県）

久田樹生

南方の島に、ある家族が住んでいた。

父母と娘のキヨミ、三人家族である。


ある日、キヨミは本土から来た男と同棲を始めた。

が、次第に不便さと給与の件で不満が出てきたという。

結婚するためにと彼は知人のツテで、本土の仕事を紹介してもらった。

詳細を聞くと、実に条件が良い。キヨミも別口で働けそうだ。

とんとん拍子に話は決まり、本土へ渡る準備をしていた。


引っ越し準備の最中、突然の訃報が飛び込んできた。

キヨミの父親が事故で死んでしまったのだ。

真夜中、父親が一人で車を運転していたときに路肩へ乗り上げ横転。打ち所が悪く、そのまま亡くなった。

発見したのはキヨミの母親だ。父親がいつまでも帰ってこない上、携帯電話も通じない。自分の車で捜しに出たら、横倒しになった車を見つけてしまった。

その日、父親は知り合いの通夜に参列するために出かけていた。母親は彼が使う道の予想がついていたので、捜しおおせたのだった。

父親の車が転がっていたのはとても寂しい場所だが、車通りは多少ある道だ。誰かが気づいて通報してくれていたら死ななかったかもしれない、と母親は泣いた。


父親の葬儀は済ませたが、母親を一人にできない。

彼に訊くと「お義母さんも（本土に）連れていけばいい」と言ってくれた。母親も乗り気で何の問題もなかった。

ただ「お父さんやご先祖の墓をどうするか」と相談された。

ならばと墓仕舞いを行う。本土で住む予定の地域に墓を新たに用意した。

更に住んでいた家を売りに出したが、買い手はすぐについた。

安心して三人で本土へ渡りキヨミは相手と籍を入れた。

――が、籍を入れ、新居に入ってから間もなく、母親が行方不明になってしまった。

夫と二人で捜し回った挙げ句、母親の足どりが摑めた。

島へ戻っていたのだ。

売り払った実家の近くにある、小さな借家を借りて住んでいたらしい。たまたまそこに住み出した母親と出会った親族から連絡があって、初めてわかったのである。


夫と迎えに行くと、その借家は細い三叉路の一角にあった。

こちらの顔を見た母親は、何故かさめざめと泣く。

そして少し離れた場所にある、家族が住んでいた家の方を指差して訴えた。

「あの家には、お父さんがまだいる。道がわからないから、本土まで来られない」

なら、ちゃんとお父さんを連れていこう、ユタ神さんに頼もうとなった。

ユタ神とは島の霊能力者、霊媒師、シャーマンである。霊的な案件に対する相談や解決を生業としている。

そのユタ神に、いまだ元の家に止まる父親の〈死にマブリ〉――死んだ人から出てきた霊魂――を本土へ連れていく相談をしよう、となったのだ。

どうも母親には家の軒先で一人寂しく佇む父親の姿が見えているようだった。

キヨミと夫は母親の借家に泊まり、朝一番でユタ神さんの所へ行くことを決めた。

ところが、ユタ神を訪ねる前日の夜中、借家から母親の姿が消えた。慌てて外に飛び出すと、甲高い鳥の声のようなものが庭から聞こえる。嫌な予感がして行ってみると、木の根元にぼんやりと白いものがあった。

倒れた母親の姿だった。

近づこうとしたとき、夫が何かに気づいた。指し示す指の先に、おかしなものがあった。母親の真上、少し高い所に張り出した枝に、動物のようなものが座っていたのだ。暗くてよくわからないが、小さな猿のように見えた。それも手足が細く、長い。丸くて大きな目が二つ、闇の中で爛々《らんらん》と光っていた。その猿のようなものがいる枝の上、葉っぱに隠れた場所から似たような猿がもう一頭出てきた。

母親はこの猿どもに襲われたのかと思い、夫と二人で叫びながら追い払う。二頭は手を取り合うように、樹上へ消えていった。

母親を助け起こすと、首にロープが巻いてある。近くには折れた枝が落ちていた。枝に引っかけて首を吊ろうとしたのではないかと思われた。

調べると息はしている。

懸命の介抱で起き上がった母親に、何故首を括ったのだと問いつめた。が、彼女は「そんなことをした覚えはない。そもそも何故自分は外にいるのだ」と首を捻る。

どちらにせよ枝が折れ、上手くロープが固定されなかったことと、発見が早かったことで、母親は後遺症もなく元気になった。

だが、何故か母親は「あの家にお父さんがまだいる」と泣いたことを忘れていた。

そもそも島へ戻った理由も「新婚の娘が気兼ねなく夫と過ごせるように」という気遣いからだったというが、所々に矛盾があり、それも怪しかった。

どちらにせよユタ神さんに頼むという話もお流れになってしまった。

三叉路の家も解約し、母親が本土に戻ったのはそれから数ヶ月後だった。

数年後、母親は本土で亡くなった。

骨は父親と同じ納骨堂に納められた。

母親は死の直前、目と頭が痛いと訴えた。

病院へ連れていくと、血圧の上昇と眼球に充血が見られるから、と各種薬を処方される。

それでも調子が悪そうなので再検査を勧めようとした矢先だ。

ある日の夕方、誰もいない自宅の居間で母親が倒れていた。

キヨミが見つけたときにはすでに息をしていなかった。

突然死で、死因は脳関連であった。発見時、両目が開いていた。

母親の死から何年かして、キヨミは両目の視力が急激に悪化した。

眼科での手術も空しく、片眼はほとんど見えなくなった。

ちょうど、不妊治療を始めたばかりの頃だった。

結局キヨミは子どもを諦め、夫と二人、今も本土暮らしだ。

彼女はあの三叉路があった借家近くには石敢當が一つ、ポツンとあったことを今も覚えている。

石敢當とは、いわゆる道祖神的な石碑といえばよいだろうか。

あの借家に住んでいたとき、母親はその石敢當が見えていなかった。

いくら指を差してもわからないと返される。手を引いて、触れさせて初めて存在を認識した。その後は「見えてるよ」と言っていたが、本当がどうか怪しかった。

のちに母親が島へ戻ったわけについて、親族から詳細なことを耳にした。

それは身内の恥であるとして、キヨミは誰にも話さないと決めている。

【沖縄本島】カンテメの話（沖縄県）

小原猛

今から五十年ほど昔の話である。沖縄の北部の今帰仁《なきじん》に宮里さんという女性が暮らしていた。彼女は元々奄美大島の宇検村出身で、今帰仁の男性と結婚して引っ越してきたのだ。そのため小さな頃には、カンテメにまつわる怖い話やそのお墓とされる場所にも訪れたことがあった。

彼女がお嫁に行ったのは二十三歳の頃のことだった。

その後、子どもたちも生まれ、宇検村から遠く離れた今帰仁村で夫と仲むつまじく暮らしていた。

ある夜のことである。公務員だった夫の職場の上司の送別会があり、たまたま宮里さんも招待されて参加した。

豪勢な料理や酒が振る舞われ、生演奏の沖縄民謡のトリオまでやってきた。すると宴会も後半になり、沖縄民謡の唄い手がこう言った。

「それでは次の曲は、奄美のカンテメ節といきましょう。夜に唄うと悲恋の女性、カンテメが現れるらしいですよ。あらあ、怖いこと！」

そう言って聴衆を茶化して笑いを取っていた。

だが一人だけそんな茶化した雰囲気をまったく感じられない女性がいた。宮里さんである。彼女は幼い頃から、この曲を歌うと「カンテメのモウレイ（亡霊）が現れる」と何度も母親から聞かされていたからである。

だが奄美出身は彼女だけで、みんな酒のせいもあって、陽気にはしゃいでいる。

やがて三線の伴奏に乗せて、唄者《うたしゃ》がゆっくりとカンテメ節を唄い出した。

その時である。宮里さんの見ている前で、真っ白な着物を着た、髪の長い女性がホテルの宴会場の舞台に現れた。その女性は何故か白い風呂敷を頭の後ろに抱え、民謡トリオの後ろをただ呆然と歩くだけだった。

もしかしたらこれは演出なのだろうか？　宮里さんはそう思ったが、どうも隣の夫に聞くと、そんな女性は見えていないようだった。

「お前の言っていることがわからない。何だね、幽霊がいるとでも？」

いや、確かにいるのだ、と宮里さんは反論した。オリオンビールのジョッキを持っている夫はまったく相手にもしてくれなかった。

ふとその時、その女性がこちらをじっと凝視しているのに気づいた。

垂れ下がったざんばら髪の間から、真っ赤な眼球がこちらをにらみ付けていた。

宮里さんは思わず小さく悲鳴を上げ、動けなくなった。

その時、確かに宮里さんは相手の声を聞いたのだという。

唄が終わると、聴衆の好意的な拍手と同時にカンテメのモウレイも消えてしまった。


「宮里さん、相手は何と言っていたのですか」と私は聞いた。

「言えません。絶対に言えません。非常に悲しい話です。これは……なんていうのか、女と女にしかわからない話ってわかりますか？　私の若い頃の思い出です。だから誰にも言わないことにしたんです。だからあなたにも言えません」

「そうですか……」

「でもこれだけは言えます。最後に彼女が言ったのは、『ありがとう』でした。あとの話はもうしません、でもカンテメは今でもいるんですよ」


現在も今帰仁村で暮らしている宮里さんから聞いた話である。

【久高島】流木（ナガレギー）（沖縄県）

小原猛

橘さんという五十代の男性が昔、家族三人で久高島《くだかじま》に遊びに行った。久高島は南城市《なんじょうし》から高速船で三十分足らずで行ける小さな島であるが、そこは元々イザイホーという神の儀式が行われていた聖なる島であり、島内には男性が立ち入りを禁止されている場所などが現在も存在している。

だがそのような聖地である一方、近年は観光地としても有名で、まばゆいばかりに輝く海、心地よいそよ風が吹く日陰、ザアザアという繰り返す静かなさざなみの音などを求めてやってくる日帰りの観光客で休日はいっぱいになる。

橘さん一家も日曜日の朝に家を出て、南城市の安座真港《あざまこう》から高速船に乗り、久高島にやってきた。そこで家族三人でレンタル自転車を借り、島内を一周したのち、近くのビーチで海水浴をした。

橘さんは、奥さんと十歳の娘が一緒に海で笑いながら遊んでいる姿を見て、日陰の中、ウトウトと眠ってしまい、そこでおかしな夢を見たという。

海の遥か彼方から、巨大な流木が流れてくる夢だった。と、その木に誰かがしがみついている。姿から、第二次世界大戦の旧日本兵のようだ。浜辺に辿り着いた日本兵は、よろめきながら立ち上がると、橘さんの方に走ってきた。全身からボタボタと水滴を垂らし、恐ろしいことに左わき腹が大きくえぐられていた。

そこで目が覚めた。

「夢か……」

そう呟いて、橘さんは起き上がった。奥さんと娘の方へよろよろと歩いていくと、途中で何か硬いものを踏んだ。

足下を見ると、巨大な蛇の頭そっくりの真っ白な流木が転がっていた。どこからどう見ても蛇にしか見えない。大きさは三十センチほどであろうか。見た瞬間、何故か橘さんは「これは必ず持って帰らなければならない」と感じたという。

橘さんは流木を持ち上げると、そのまま奥さんのもとに向かった。

「あなた、それどうするの？」

「持って帰る」

「持って帰ってどうするの？　家にはこんな木片、飾るところなんかないわよ」

「木片じゃなくて流木だよ」

奥さんは猛反対したが、結局橘さんはそれを那覇市のマンションに持って帰った。

その日の夜から橘さんは悪夢にうなされた。誰かが胸元に乗ってきて、首を絞めるのである。顔は見えないが、真っ黒い影であった。

「あなた、うなされてたわよ」と奥さんが心配そうに言った。「真夜中にいきなり起き上がったかと思うと、『突撃！　突撃！』って兵隊さんみたいなことを叫んでたわよ」

「そんな記憶はまったくないなあ」

「当たり前でしょ、夢なんだから」

しかし二週間続けてうなされ、その間に急に十キロも痩せてしまった。

「なんか最近、身体の調子が悪くてさ」と橘さんは奥さんに告げた。

「そういえばげっそりしてるけど」

そこで奥さんの勧めもあり、内科を受診してみたが、結局悪いところは何一つなかった。

「あと思い当たるのは、拾ってきた流木なんだけど」

「何か変なものでもついていたんじゃない」

そこで橘さんは、久高島の浜辺で見たおかしな夢の話をした。すると奥さんの顔色が急に変わり、ブルブルと震え出した。

「あなた。駄目よ、あの流木、返してきましょう」

「単なる流木だよ。墓石とか遺骨じゃない」

「でも嫌な予感がするの。次の日曜日返しに行きましょう」

橘さんはあまり乗り気ではなかったが、次の日曜日に再び安座真港から高速船に乗り、流木を抱えて久高島の徳仁港《とくじんこう》にやってきた。いつものようにレンタル自転車を借り、流木を拾ったビーチまでやってきた。そして元あった場所に流木をそっと置いた。

そして奥さんと娘さんがビーチで遊んでいる間、自分は木陰で休むことにした。するとまたウトウトしながら夢を見た。

広がるビーチの果てから、多人数の人影が一列になってこちらに歩いてくる。橘さんは夢の中で金縛りにあった。人影は十人ほどで旧日本兵だとはっきりわかった。するといきなり後ろから肩を摑まれ、悲鳴を上げながら目が覚めた。

そこには非常に驚いた表情の娘がいて、父親の反応に恐怖を感じているようだった。

「お父さん、大丈夫なの？」

「大丈夫だよ」

そう言い終わらないうちに橘さんは立ち上がり、先ほどの流木のところに走っていった。これはここに置いておくわけにはいかない。持って帰らないといけない。持って帰ったら良いことが起こる気がしてならなかった。すぐに妻がやってきて、橘さんにこう言った。

「あなた、からかわれているの」沖縄出身の妻が言った。「あなた、神奈川出身だから知らないと思うけど、変なものがつくと、周囲が見えなくなるの。それは絶対に持って帰りません。次の船で帰ります」

橘さんは何故か猛反対したが、妻と娘に押し切られ、そのまま港まで帰らされた。すると次の船まで一時間ほど待たねばならなかった。徳仁港の周囲でぶらぶらしていると、一人の島の老人が声を掛けてきた。

「あんた、ナイチャー（本土出身）の観光客ね」

「違います。那覇市に住んでいます。ナイチャームク（本土婿。夫が本土出身者で妻が沖縄出身者の呼び名）です」

「ああ、そうね。久高島は初めてですか？」

「いえ、もう何度も来ていますよ」

「そうですか。今日は観光行きましたか？」

橘さんは何となく、この老人には全部話しておかないといけないと感じた。そこで流木を拾ったこと、変な夢を見たこと、妻に言われてそれを返しに来たことを喋った。

「あきさみよ！（驚いたりしたときの慣用句）兄さん、ここは神の島だからいろいろと持ち帰るのはよくないけど、ナガレギーは一番良くない。悪い意味で良くないさ」

「ナガレギー？」

「流木のことですよ。方言でそう言う。沖縄では昔からナガレギーには悪いものがついて海を流れてくるって言うさね。特に兄さんが夢を見た浜辺はね、第二次世界大戦の頃はいろんなものが漂着した浜辺であるんですよ。海流の関係で、輸送船が沈没すると、缶詰とかが浜辺に流れ着いて、それが私たちの貴重な食料になったわけです。それと軍人の死体もたくさん流れ着きましたよ。そういう場合はみんなで穴を掘って埋めました。やどかりに食われる前にしないと」

「そんなことがあったんですね」

「死体はそうやって島に流れ着くけど、マブイはあとでやってくる。そうやってナガレギーに乗ってやってくるんです。だからいろんな意味で海のものは持って帰らないほうがいい。兄さんも気をつけてね」

それから老人は橘さんの後ろを見ながら、こんなことを言った。

「あんたたち、この人と一緒にいちぇーならん」

いちぇーならんという方言はあまり聞いたことがなかったが、何となく意味はわかった。後ろを振り返ったが誰もいなかった。

「誰かいましたか？」と聞いた。

老人は笑いながらこう言った。

「ああん、もう帰した。心配ない。また来なさいよ」

あれから久しく久高島には訪れていない。橘さんはどこの海に行っても、海岸ではモノを一切拾わなくなったという。

久高島の海岸（写真 AC）

【宮古島】パーントゥの泥（沖縄県）

月の砂漠

沖縄県の宮古島の一部地域では、パーントゥ祭と呼ばれる奇祭が今でも行われている。来訪神であるパーントゥが集落を回り、厄落としをしていくという伝統行事だ。

「僕が大学生の時、後輩だったKが、この祭りを見に行ったんですよ」

東京在住の会社員であるTさんはそう語り出した。Tさんは四十代だから、二十年ほど昔の話になる。

「そこでKは、パーントゥとトラブルになってしまったようでして」

パーントゥ祭でパーントゥを演じるのは、島の保存会の人間だ。彼らは土偶の顔に似た仮面をかぶり、つる草を身体に巻き付け、全身に泥を塗りたくった姿で町を歩くという。

「パーントゥは地元の住人であれ、観光客であれ、すれ違った者には誰彼かまわず、泥をなすりつけるんだそうです」

この泥は臭いが強く、一度つくとなかなか取れないらしい。それでも、泥をつけられることで厄落としになるから、ほとんどの人は喜んで泥を受けるという。

「でも、Kはそうではなかったようで。しかも、Kには気の荒いところがあって」

パーントゥが泥をつけようとした際、Kさんは本気で怒り、パーントゥを蹴り飛ばしてしまったのだ。

「周りの人たちが仲裁に入って、大事にはならずに済んだそうですけどね」

Kさんは帰京後、そのトラブルをまるで武勇伝のようにTさんたちに語って聞かせたという。

「右膝から下を泥まみれにされちゃいましたよ、なんて言って笑ってました」

だが、その直後から奇妙なことが起きる。

「Kの右脚からずっと嫌な臭いがするんです。まるで腐った泥みたいな臭いが。島から帰ってきて、もうだいぶ経っているのに」

Kさん自身はそれに気づいていない様子だった。一週間経っても、二週間経っても、何故かKさんの脚の臭いは消えず、むしろ強さを増していったという。

「それからしばらくして、Kは死にました」

バイク事故だったという。

「僕もKの通夜に出ました。事故死とは思えないほど、死に顔はきれいだったんですが……」

棺の遺体を見たとき、Tさんは息が止まりそうになった。

「なかったんですよ。右膝から下が」

遺族によると、事故の衝撃で吹き飛んでしまい、現場からも見つからなかったのだという。

「偶然だとは思うんですが、まるでパーントゥに持っていかれてしまったみたいで……」

パーントゥという名前の語源には、「人を食う者」という学説もあるのだと、Tさんは教えてくれた。

宮古島のパーントゥ（写真 AC）

【与那国島】フナユーリー（沖縄県）

小原猛

与那国島に住むAさんから聞いた話である。

戦後、漁師をしていたAさんは、日の出前の朝四時頃に港を出て、沖を目指していた。するとぼんやりした朝焼けの海に、電灯を煌々《こうこう》と照らした一隻の漁船が視界に入ってくる。Aさんと同じく沖を目指しているようだったが、ふいにAさんはこんなことを思った。

「あれ、こんな船見たことがない」

与那国は小さな島である。知り合いの船ならば皆わかるはずだ。しかし前方を行くこの船を、Aさんは一度も見たことがなかった。

不審に思ったAさんは、操縦しているのが誰か確かめようと、速度を上げてその船の横に着こうとした。

ところが、いくらスピードを上げても追いつかない。かなりの距離を追いかけても相手の船には追いつけず、何故かAさんの船と一定の距離をずっと保ったままだった。しかも船内には誰もいないのか、人影さえ見当たらない。

次第に朝焼けが大空に広がる頃、Aさんがふと海面を見ると、そこに自分の姿と船の影が映っているのが見えた。

顔を上げて前方の船を見たAさんは、思わずゾッとしてしまった。

前方の漁船は煌々と灯りを灯してはいるが、その光も漁船の影も、水面にはまったく映っていない。まるで海面には、漁船がまったく存在しないかのように何の影も映っていないのだ。

やがてAさんは自分が向かっている先が漁場とはまったく反対の海域であることを知って、それ以上進むのを諦め、引き返したという。

「こいつは生きている世界の船じゃない。フナユーリー（船の幽霊）だろう」

あとで聞いた話だが、それ以上追いかけると、フナユーリーはバケツを要求してきて、それを手渡すとこちらの船の中に水を入れてきて、沈んでしまうのだという。

そのためバケツを要求されると、わざとクバの葉で作ったウブルというお椀状のものに穴を開けて差し出すのだという。

【与那国島】トゥマヤシン（沖縄県）

小原猛

与那国島では、もし人が外で行方不明になったら、その人を集落の人間が総出で捜しに出かけるのだが、念のために家の中にも留守番の人間を置いておく。

それはもし相手が事故や怪我で家に帰って来られないのではなく、トゥマヤシンという存在につかまってしまったときのために、留守番を置いておくという。

トゥマヤシンとは人を迷わしてしまうマジムンのことで、これに一度つかまってしまうと、なかなかその存在から逃げ出すことは難しいといわれている。

ところが、トゥマヤシンに惑わされてしまった人は、一度だけ救い出すチャンスがあるのだという。

何故かトゥマヤシンに連れ去られた人間は、一度だけ家に帰ってくることがある。その時、トゥマヤシンの魔力にかかった人間は意識がなく、自分が何をしているかわかっていない。

それを見つけると、留守番の人間は相手をトイレに連れていき、男性ならチリ（キセルのこと。タバコを吸うための古い道具）を、女性ならクロ（櫛《くし》）を持たせる。チリもクロも魔除けになるので、それを持つと意識が戻り、正気になるという。

またトゥマヤシンにおかしくされたまま家に戻っても誰もいないなら、その人間は行方不明となり、そのまま死んでしまうという。これはトゥマヤシンにさらわれた人間を唯一救い出すことのできるチャンスなのだ。

トゥマヤシンの姿形を見た者やその声を聞いた者は誰もいない。しかし昔は毎年のようにさらわれる者がいたという。

また昔から沖縄のトイレはワーフールといい、人間の排泄物がそのまま家畜であるワー(豚)の餌になるような設計になっている。そしてそこには家の中で一番力の強い神様がいるとされている。トイレを出てから魔除けを手に持つのも、それと関係がありそうである。

【与那国島】産めない（沖縄県）

月の砂漠

「高校時代の親友二人と、与那国島へ旅行に行ったんだよね。二十二の時。もう三十年も前の話か」

メンソールの細いタバコに火をつけながら、アキコさんは話し始めた。今は埼玉の大宮でスナックの雇われママをしている女性だ。

アキコさんは福岡県の出身。高校時代は髪を金色に染め、濃い化粧をし、暴走族に所属していた男性と交際するなど、だいぶヤンチャな少女だった。

「ヤンチャというより、もうちょっと悪い感じ。万引きくらいなら普通にやってたからね」

まるで反省などしていないように、アキコさんは笑う。与那国島を一緒に旅行したという二人も、同じような不良仲間だったという。

「ヨシエとリカコ。あたしもあいつらも、高校出た後、コンビニとか居酒屋でバイトしながらフラフラと暮らしてて。そのうち、何となく結婚してもいいかなって相手に巡り合って」

アキコさんが当時付き合っていた彼氏と婚約した時期、友人二人も、それに触発されたわけではないだろうが、相次いで結婚を決めた。それで、それぞれの新婚旅行に先駆けて、女三人での記念旅行をすることになった。

「子どもができたら、そういうこともしばらくはできなくなるだろうしさ。その前にって感じで」

旅の目的地に選んだのは、沖縄の与那国島だった。近場で、景色の良い場所がたくさんあると聞いたのが理由だった。

三人は、島を東側からグルリと一周する形で、東崎《あがりざき》やウブドゥマイ浜など、絶景スポットを堪能していった。

「二日目は、西崎《いりざき》ってところに行ったの。夕日がめちゃくちゃきれいだって、ガイドブックに書いてあったから」

日本の最西端にあり、国内で最も遅い時刻に夕日が沈む場所として知られる地だ。

だが、その日はあいにくの曇り空で、美しさはまるで感じられなかった。

「何で今日に限って天気悪いんだよってイライラしてたら、たまたま、近くで見つけたんだよね。久部良《くぶら》バリっていう、小さな岸壁」

それは、久部良集落の北の海岸段丘にある、全長二十メートル、幅三メートル、深さ八メートルの石灰岩の割れ目だった。

「近くに慰霊のお地蔵さんが立っていて。何だよこれって気になって」

アキコさんは、地蔵の側の石碑を読んだ。

そこに書かれていたのは、中世の時代、この久部良バリが、人減らしに使われていたという悲しい伝承だった。


当時、与那国島は為政者である琉球王朝から過酷な人頭税を徴収されていた。少しでも税負担を減らすには、子どもを授かった妊婦を「間引き」する必要があった。島の長たちは、妊婦をこの久部良バリに集め、順番に裂け目を飛ばせた。無事に飛び越せた者だけが母子共々、命を助けられた。飛び越せなかった者は、八メートル下の岩場に叩きつけられて死ぬか、自分は助かっても流産するしかなかった。


「それを読んで胸糞悪くなっちゃって。夕日は見えないし、こんな憂鬱な話を読まされるし、旅行が台無しだよって思って」

アキコさんたちは、大昔の妊婦の悲しみに思いを馳せることなどしなかった。ただ、イライラを発散する方法だけを考えていた。

「それで、ヨシエが言い出したのかな。じゃあここで、死んだ妊婦の真似して記念撮影しようって流れになって」

それが、かつての死者に対する冒瀆だとはわかっていたが、ためらいはなかったとアキコさんは振り返る。

「わざとそういう悪さをするのも、かっこいいと思っていたんだよね」

岩の裂け目の下まで下り、そこで滑稽なポーズをして倒れてみせた。地蔵に向かって全員で中指を立て、石碑を蹴った。

「何か、みんな変なテンションになっていて」

大声ではしゃぎながら、罰当たりな写真をたくさん撮ったという。

それから数日後のことだ。

福岡に帰ってきたアキコさんは、インスタントカメラで撮った写真を現像に出した。百枚近い旅の思い出たちの中には、もちろん、久部良バリで撮った写真もあった。

今さらながら、随分と罰当たりなことをしたものだなと苦笑しながら、その写真を眺めた。

「まさか、心霊写真なんて写ってないよなって、ちょっとだけ気になって」

霊の写真は一枚もなかった。ただ、どうしても気になる写真が数枚あった。

「あの裂け目で、変な格好して撮った私の写真。何だか、お腹が大きく見えたんだよね」

アキコさんだけではなく、ヨシエさんもリカコさんもそうだった。みんな、まるで妊娠しているかのように、お腹が少し大きいのだ。

「あの日は昼飯をいっぱい食べたせいだって。特に気にしないようにしたんだけど、何だか薄気味悪くて」

結局、その数枚の写真は友人たちに見せることなく、ライターで燃やしてしまったという。


それから二ヶ月ほどして、ヨシエさんが妊娠したという報せが届いた。

「ヨシエは子ども欲しいって言ってたから、おめでとうって祝福したんだけど……」

その直後、ヨシエさんは雨の日に階段から滑り落ち、不幸にも流産してしまったのだ。

「ヨシエ、泣いてた。それでも、何年かして、もう一回妊娠したんだ。でも、その時も、どうしてかはわからないけど、また流産しちゃって……」

結局、それ以降、ヨシエさんは子宝に恵まれなかった。

一方、リカコさんも早くから子どもを望んでいた。だが、なかなか授からず、夫婦で様々な不妊治療に取り組んでいたという。

「それが原因かは知らないけど、旦那との仲が徐々にギクシャクしてきちゃってさ。結局、子どもができる前に離婚しちゃったんだよね」

　そのショックが大きかったのか、リカコさんは酒に溺れ、生活がすっかり乱れ、若くして肝臓の病気で他界したという。

「私も、二十代のうちに大病しちゃってさ。子ども産めない身体になっちゃったんだよね。まぁ、私は子ども欲しかったわけじゃないから、別にいいんだけどさ」

　アキコさんが病魔と闘っていた時期、アキコさんの夫は外に女を作り、そのまま帰ってこなかった。以来、アキコさんは独身を貫き、水商売で生計を立てている。

「二年前だったかな。リカコの何回忌かで、ヨシエと久しぶりに会って。あの久部良バリの話になって」

　アキコさんは初めて、写真の中で自分たちのお腹が大きかったという話をヨシエさんにした。すると、ヨシエさんは、

「自分が撮った写真も、実はそうだったって」

　震えながら、そう告白したという。

「これって、やっぱり何かの祟りなのかな？　まぁ、今さらどうにもならないけどさ」

　アキコさんは二本目のタバコを灰皿に押し付けながら、冷めた口調で呟くように言った。

【H島】海上バス（沖縄県）

夕暮怪雨

沖縄県で生まれ育った雅美さん。彼女の叔母は五十年ほど前、教師として働いていた。当初は本島で働いていたが、離島へ赴任することになる。当時は島と島を繋ぐ橋などもなく、実家から通うことは不可能だった。そのため叔母は離島で下宿をして、職場へ通うことになった。実家のある本島と行き来するには、海上バスを利用しなければならない。近くの島々とは遠浅の海で繋がっている。干潮の時間は海水が引き、陸地が見える。その短い時間帯に海上バスは運行していた。時間を見計らい、潮が引いた陸地を徒歩で渡る人間もいたそうだ。ただ理由はわからぬが、雨風が強い日に徒歩で渡ろうとした人間もいた。その結果、道を見失い流された。そんな噂も聞いていた。

ある雲一つない晴天の日。実家で暇を持て余していた雅美さんは、叔母に誘われて下宿先へ向かうことにした。叔母は雅美さんをとても可愛がっていた。ちょうど夏休みだ。休みを利用し、一緒に数日過ごす。ちょっとした旅行気分で楽しみにしていた。実家の家族に見送られ、海上バスの乗り場へ着くと、乗客は叔母と二人だけだった。バスといっても荷台付きのトラックだ。潮が引いた陸地の土は粗く、トラックの大きく頑強なタイヤでも、ガタガタと細かく身体が揺らされる。決して乗り心地が良いものではない。

二人で談笑しながらしばらく走っていると、叔母の目付きが突然変わった。遠くをジッと見つめている。そして運転手に「車を停めて！」と叫んだ。普段温厚な叔母とは思えぬ語気の強さに雅美さんは驚いたそうだ。運転手は苛立った表情を作り、バスを停めた。叔母はぶつぶつと何かを呟いている。雅美さんが「叔母さんどうしたの？」と尋ねると、「神様がいるの」と訳のわからぬことを答えた。そしてゆっくりとバスを降りた。運転手は「早くしてよ」と不満げに声を掛けるが、叔母には聞こえていないようだった。

すると叔母は突然、腰を屈めた。干上がった陸地に何かが見える。そこには小さい石の塊が二つ、折り重なっている。まるで石碑のような形だ。そして叔母はこの石の塊に向かい、拝み始めた。雅美さんにも光に照らされた石の塊は、美しく神聖なものに見えた。

そして自らもその美しさに惹かれる。今にでもバスを降り、石碑に向かい拝みたい。そんな気持ちが湧き上がる。けれどふと冷静になる。「こんな所に石碑などあったか？」と疑問が浮かんだからだ。下宿先へ行くのは初めてではない。何度も通っていた道だ。運転手のイラついた声が聞こえてくる。ついに痺れを切らせ、窓から「そろそろ出発するよ」と声を掛けてきた。叔母はぶつぶつと文句を言い、渋々バスに戻る。そして名残惜しそうに後ろを振り向き、石碑が見えなくなるまで「神様すぐに戻ります」と何度も語りかけていた。雅美さんはその異様な光景に恐怖を感じた。

そして下宿先に着くと、叔母は忽然と姿を消した。外は先ほどの晴天が嘘のように、強風と大雨に変わっていた。日中、バスで通った陸地はすでに海水で覆われている。叔母が波に飲まれたかもしれない。急な不安がよぎり、雅美さんは島の人間に報告した。島の人間が必死に叔母を捜すが見つからない。島に住む老人たちに、先ほどの叔母の不可解な行動と石碑について話した。老人たちは口々に「その石碑は御嶽（ウタキ）で、その子は神の声を聞き、人柱になったのだ」と答えた。御嶽とは神が来訪する場所といわれている。それが本当なら、叔母は神に何と声を掛けられたのか。そして何故、人柱を受け入れたのだろうか。その後、海上バスで先日の場所を通ったが、御嶽とされる石碑は消えていた。現在その場所は埋め立てられ、道路に変わり島と島を繋いでいる。

【九十九島、壱岐島、種子島、他】数多の島――島の怪異譚（日本各地）　久田樹生

佐世保観光で九十九島《くじゅうくしま》巡りがある。

九州の学校では修学旅行で訪れることもある。

某人が中学生の頃、修学旅行で九十九島を遊覧船で回った。

その名の通り、たくさんの島があり、その間を船で抜けていく。

隣の友人が突然「おじい、ちゃん」と口走った。

振り返ると、直立不動で島を眺めている。

おじいちゃんがどうしたのだと訊いた途端、彼は「ぴ」と意味不明の甲高く短い声を上げ、後ろに倒れた。

回復後の友人曰く「島の木々の合間から〈得体の知れないものが見ていた〉」。それが何かわからないし、表現も不可能だ。自分の目を疑っていたら、口から勝手に〈おじい〉が出てきたところで意識が飛んだ、らしい。ちゃんも、ぴも、まったく覚えていなかった。

某人が住む地域では「おじィ＝怖い」の方言がある。

怖かったから「おじィ」と言ったのではないかと問えば、「その時は怖い気持ちはなかった、単に何だろうあれは、とそれだけが気になっていた」と友人は答えた。

よくよく考えてみれば、彼は転校生で九州の方言にあまり明るくない。

だから〈おじィ〉と口走るところを見たことがなかった。


すでにいなくなった友人の「おじい、ちゃん」の謎は今も解けていない。

彼方へ

夏、ある家族が伊豆大島に観光で訪れた。

島の賑やかな場所から海側へ向かうと、夕日のスポットがあると教えてもらった。

父、母、小学生の兄と妹の四人でそこを訪れ、沈み行く太陽を楽しんだ。

あと少しで帰ろうと父母が口に出したとき、妹が大きな声を上げる。

「あ！　飛行機！」

真っ赤な空を指差すが、飛行機どころか鳥の影一つ見えなかった。

「凄い音だよ。飛行機の音だよ。あんなに遠いのに聞こえるんだ」

妹があそこだ、あそこだと繰り返しても、彼女の他には誰も見つけられなかったし、聞こえなかった。

「あーあ、見えなくなった」

父母と兄は、最後まで飛行機の姿を捉えることはできなかった。

妹が言うには、真っ黒い影のような飛行機が、遥か遠い空を僅かに揺れるように飛んでいたらしい。最初は鳥かと思ったが、羽ばたいていないことと、エンジン音のようなものが聞こえたから、飛行機だと判断したようだ。

飛行機は夕日を一切反射せず、海の彼方へ消えたという。

妹にしか見えなかった飛行機の話は、旅行の思い出話となった。


のちに伊豆大島で航空機事故があったことを知った。

そして、島から遥か遠い洋上で、ジャンボジェットにトラブルが起こり、凄惨な墜落事故があったことも――。

妹が見たものがそれらと関係しているかどうかわからない。

ただ、彼女が見て、音を聞いただけだとしか言いようがないのだから。

注意

二〇〇〇年、七月後半の出来事だった。

西表島《いりおもてじま》を友人二人で観光中の時だった。

ちょうど日が暮れかけたとき、彼女たちはレンタカーで島の道を走っていた。

イリオモテヤマネコを轢《ひ》かないようにと、猫注意が記された道路の辺りだ。近くには鍾乳洞のクーラ洞窟もある。

面白いねと話していると、道端に若い女性が手を上げている。

Tシャツに細身のパンツ、サンダルだ。短めの髪は明るい茶色で少し大きめの肩掛けバッグを手にしている。

何か困ったことがあったのだろうと車を停めた。相手が女性一人だったので躊躇することはなかった。

訊けば、東京から彼氏と西表島に来たが、先ほど喧嘩して置いていかれた。

携帯はその彼が乗るレンタカーのドリングホルダーに置いていて、どうしようもなかった。できればホテルまで乗せてほしいとお願いされた。

歩けば一時間以上は優に掛かる。足下はサンダルなので、長い道のりは辛いだろう。自分たちが戻るホテルと同じ方向なので後部座席へ乗せた。

短い道中だったが、楽しく会話をしてホテルに送り届けた。お礼だと一万円を渡されたがさすがに貰えない。次に五千円が出てきたが同じだ。仕方なく千円だけ貰った。

彼女たちは翌朝の予定が早朝からなので、早めに寝た。

しかし寝苦しく何度も起きてしまう。

隣の友人も同じらしく、何度も寝返りを打っていた。

少ししてやっと眠りに落ちたが、夢見が悪く目が覚める。

あの女性が「せんえーん、せんえーん」と泣き叫びながら首を絞めてくる内容だった。

隣では友人が魘《うな》されている。起こそうとしたとき、寝言を言い出した。

――せんえーん、せんえーん。

夢の声そっくりだった。

泣きそうになりながら叩き起こしてみると、まったく同じ夢を見ていた。
気持ち悪くなり、女性から渡された千円を取り出してみる。
昨日は気づかなかった、黒い染みのような汚れが浮き出ていた。
件の千円を手に部屋を出て、自動販売機で使った。
出てきたおつりは、わざと受け取り口に残しておいた。手元に残したくなかったのだ。

その後は何もなく、西表島を後にした。
黒い染みの浮いた千円は、今、どこを巡っているのだろうか。

ダンクシュート

長崎県壱岐島。
そこに観光に訪れた一人旅の男性がいた。
港でレンタル自転車を探していると、急に目眩がしてきた。
持っていたバッグを下に置く。その時、ファスナーが開いているのが目に入る。
その隙間から、入れた覚えのないものが覗いていた。

取り出すと、着せ替え人形——男の子——が入っていた。
上のシャツは着ているものの、下は何も穿《は》いていない。剝き出しの股間と腕、足には
カッターナイフらしき傷が無数に入れられており、中には熱で溶けた穴のようなものもあ
る。代わりに頭部はきれいなままだった。
当然、自分の持ち物ではない。
人形を見つけた瞬間に、目眩は治まった。

ゴミ入れにしていたレジ袋に入れ、行った先にあったゴミ箱に勢いよく叩き込んだ。

それ以降、人形がどうなったかは知らない。

当然、誰がいつ、どんな目的でバッグに入れたのかも、わからない。

ついていく

奄美大島に住んでいた女性が言う。

「ケンムンって、こっちにもいるんだねぇ」

移り住んだ北陸の自宅近く、そこにそそり立った大木に得体の知れないものがいた。

大きな頭と長い腕の、黒い猿のようなものが、太い枝に腰掛けている。

声を上げるとそれは俊敏な身のこなしで樹上に向けて登り、風のように消えた。

短時間のことで、細かいディテールは確認できなかった。


それがどうしてケンムンなのか訊くと、彼女は事もなげに答える。

「祖父母が見たと聞いていたケンムンに割と似ていたから」

以来、自宅近くの大木にケンムンは出ていない。

因みに大木はガジュマルではなかった。


奄美人が行くところに、ケンムンはついていく。

そんな話が奄美にあるのだから、このケンムンもその人についていったのだろうか。

飛行体

宇宙センターのある種子島に住む女性がぽつりと漏らした。

何だか、空に変なものが浮かんでいた、と。

スカッと晴れた空に、白い飛行物体が浮かんでいる。大きさはわからない。
風は吹いているのに動かない。かと思えばあっという間に上空で小さくなり消えた。

星が瞬く夜空に、光るものが浮いている。大きさはわからない。
銀色に発光する球体らしきものだが、土星の環のようなリングがついていた。
隣にいた恋人に教えると、彼も気づいていたようだ。
二人ほぼ同時にスマートフォンを構えたが、途端に発光体は凄い勢いで飛び去った。
方角的に、屋久島方面だった。

特に秘す

某人が会社の命令で、ある島に家族と一緒に赴任したときのことだ。
日当たりの良い土地に建った平屋建ての家が、支社兼社宅代わりになる。
会社が土地を買い上げ、一から家屋を建てたものだ。
良い材を使っており、部屋数も多い。

これまで何人もの社員がこの島にやってきては、ここに住んでいた。

島にある工場と商品は会社にとって重要なものである。一度直に工場の指揮を執ることが、出世するためには必ず通らなくてはならない道だった。

ところが、こんな噂があった。

〈この社宅に住んだ社員は早死にする〉

確かにそうだ。自分がここに来たのも前任者が突然死したためである。

これまでのデータを振り返ると、十数名来た大半が島で亡くなっている。赴任は大体三年から五年なのだが、ほとんどが一年ほどでに身罷《みまか》っていた。理由は様々で、共通点はない。

島へ派遣されるのは当然将来を嘱望された社員が多く、某人もその一人だという自負があった。会社に期待されているのだから、そんな噂など覆してやると息巻いた。

ところが、仕事を開始して一週間経たない頃か。

社宅へ帰ると家人が暗い顔をして待っている。訳を聞くと、途惑った声を上げた。

「この家、住むと夫が早死にするから他へ行けって近所の人が」

唐突な話に面喰らう。家人には社宅のジンクスを一切話していなかった。

そんなことあるかと否定したいが、顔に出てしまう。勘の良い彼女は、訊いてもいないのに話を続けた。

「ここの土地は元々人が入ってはいけないところで、島でも有名だって」

古くから島に住む者にはわかるが、ここは元々人間が立ち入ってはならぬ土地で、俗にいう禁足地だという。それを会社が裏から手を回して安く買い叩いたのだ。

「出世も何も、死んだらおしまいです」

家人の言葉に、某人は急にここへ住むのが嫌になった。

否定してやる、ジンクスを打ち破ってやるという気持ちすら萎んでいく。燃える心に水を掛けられたような状態だ。

翌日から新しい家を探し、すぐに引っ越した。

社宅より狭く、あまり良い家ではなかったが、それでもよかった。

正直に会社に報告したが、当たり前のように叱責された。何のために社宅があるのだ、無駄をするな、仕事に差し支えるだろう、と。

そこで「家賃は自費で払う。基本工場の事務所を使い、必要なときのみ社宅へ入る」と約束して、何とか事なきを得た。

あっという間に三年が過ぎ、死ぬことなく島を出ることになった。

あとで考えれば、あの社宅に住んでいるとき、島民たちは腫れ物に触るような態度だった。他の家に住み出してからは、何かと世話を焼いてくれるようになった。その中には、家人に土地のことを教え、新しい借家を紹介してくれた老人もいる。

この老人がのちに語った。

「あんなとこに住んでいるとろくなことにならないけぇ。それにアタシらも近づきたくなかったから。ごめんね、すぐ仲良くできんで。いや、出られてよかった」

本社へ帰ると、某人は出世のエレベーターに乗った。

会社も理解したのか島の社宅は壊され、土地は更地にして売りに出された。

わん、やぁー

奄美諸島に住む方がいる。

雨の降りしきる晩、その方のお祖父さんがずぶ濡れで帰ってきた。

傘はどうしたのか、何故濡れているのか訊いても答えない。ただただ怯えている。歯の根が合わないとはこのことだ。

剛胆な性格のお祖父さんのこんな様子を見るのは初めてだった。

落ち着いても黙して語らず、何を尋ねようが一切答えなかった。


翌日からお祖父さんは病み付き、一年経たない内にそのままあの世へ旅立った。

まだ口が利けたとき、彼はこんなことを言い残している。

「あそこの岬には、ウチの家族は行ったらいかん」

詳しい場所を教えてもらったが、何の変哲もない岬だ。これまで幾度となく近くを通っているし、足を運んだこともある。

「あの晩、覚えてるか？」

ずぶ濡れで帰ってきたときのことを、お祖父さんは噛みしめるように口にした。

彼はあの晩、その岬で何かを〈見た〉。

何を見たのか、何故家族が行ってはいけないのかと訊き返すが、口を開こうとするたびに激しく咳き込む。最後は喉が切れたのか、血を吐いた。以後も〈見たもの〉〈理由〉を喋ろうとすると咳が止まらなくなる。

「――言ったらいかんかァ」

諦めたお祖父さんは、ただあそこの岬へ行くなとだけ繰り返した。

息を引き取る数日前、お祖父さんはまた「あそこは行くな」と思い出したように言った。

わかった、ちゃんと行かないようにすると答えたが、どうして家族が行くことが良くないのか、改めて問い直した。お祖父さんはまた咳き込む。

苦しい息の下から、これだけをやっと絞り出した。

――わん、やぁー

やっと聞き取れたが、これが正しいかどうかはわからない。

咳が止まらなくなり、やはり最期は血を吐いた。

それから数日後、お祖父さんは彼岸へ旅立った。

〈わん、やぁー〉を繋げれば、俺の家という意味になる。

〈わん、やぁー〉と本当に言っていたのなら、だが。

そこでお祖父さんの言葉は途切れた。
だから、岬へ行ってはならない理由は知らぬままだ。
ある時中学生の息子が言いつけを守らず、その岬へ行った。
ボロボロになったお祖父さんの傘が、地面に突き立ててあったという。
その傘を持ち帰った夜に息子は倒れ、帰らぬ人となった。

お祖父さんの死から十二年。
遺された家族全員、岬へ行くなという言いつけを守って生きている。

白く煙る

人生の岐路に立った女性が、屋久島を訪れた。
自分の考えをまとめるためと言えればよいが、ただの逃げだった。
日が昇り始めた頃、部屋の窓から眼下を望む。
外は雨で白く煙っていた。

一ヶ月で三十五日雨が降るというだけあって、滞在初日から雨に見舞われている。
外の空気を入れようと窓を開けた。
木々の合間から、仄白く光るものがいるのが見えた。
ぼんやりと柔らかく光を放つそれは、白く小さな鹿に見えた。
小柄で四肢が少し短い。ヤクシカの特徴があった。
鹿は踵を返すと、そのまま森に消えていった。
呆然としてしまった。
まず、こんな距離から鹿だとわかるほど、自分の目は良くない。
そして、その鹿は光っていた。降りしきる雨の中、白く煙る中で。
鹿は神の使いという。そしてここは屋久島だ。
ああ、これは自分が最初に選ぼうとしているほうが正しいのだなと意味なく確信した。

現在の彼女は、会社で役職に就き、辣腕を振るっている。
結婚を選んでいたら、多分こんなことにはなっていない。
ああ、やはりあの鹿は瑞祥であったのだと今も思う。
悩んでいたのは、結婚か、仕事を続けるかだった。

屋久島では仕事を取るつもりになっていた。しかし明確な決め手と、相手のことを考えると、それが良い選択なのか悩んでしまったのだ。

今、彼女はまた人生の岐路に立った。近々屋久島へ行く予定である。たとえ鹿に会えても、会えなくても。

屋久島の森と鹿（写真 AC）

著者紹介

小原猛（こはら・たけし）
沖縄県在住。沖縄に語り継がれる怪談や民話、伝承の蒐集などの活動をしている。著作に『沖縄怪談 耳切坊主の呪い』、「琉球奇譚」シリーズ、「琉球怪談」シリーズ、「沖縄の怖い話」シリーズ、『沖縄怪異譚大全 いにしえからの都市伝説』『琉球怪談作家、マジムン・パラダイスを行く』など。コミック版『琉球怪談〈ゴーヤーの巻〉〈マブイグミの巻〉〈キジムナーの巻〉』（画・太田基之）も話題。

久田樹生（ひさだ・たつき）
一九七二年生まれ。映画、テレビ、ラジオ作品などのノベライズ、実録怪異ルポなど多方面で活躍中。代表作に『忌怪島〈小説版〉』、『犬鳴村〈小説版〉』『樹海村〈小説版〉』『牛首村〈小説版〉』の東映「村」シリーズ、「ザンビ〈小説版〉」、ご当地怪異譚集『仙台怪談』などがある。

月の砂漠（つきのさばく）
血圧高めで恐妻家の放送作家。大学で佐々木喜善や柳田國男の民俗学に触れて以来、東北を中心に日本各地の怪奇伝承を蒐集、個人的に研究し続けている。第四回「上方落語台本大賞」で大賞受賞。共著に『奥羽怪談 鬼多國ノ怪』『実話怪談 犬鳴村』『実話怪談 樹海村』『実録怪談 最恐事故物件』など。

濱幸成（はま・ゆきなり）
一九八九年福岡県生まれ。怪談作家、心霊探検家。国内外で千箇所を超える心霊スポットの探索と、世界の怪談蒐集を行っている。著書に『福岡の怖い話』（TOブックス）等。DVD『怪奇蒐集者 濱幸成』（楽創舎）。「稲川淳二の怪談グランプリ2017」（関西テレビ）ほか、メディア出演多数。

夕暮怪雨（ゆうぐれ・かいう）
怪談好きの書店員。執筆業の父と漫画家・伊藤潤二から大きく影響を受ける。YouTubeにて夕暮兄弟名義、弟の血雨《けつう》と怪談朗読動画を配信。サウナと猫を愛す男。共著に『恐怖箱 呪霊不動産』『村怪談 現代実話異録』など。

戸神重明（とがみ・しげあき）
群馬県出身、在住。主な著書に「怪談標本箱」シリーズ、『いきもの怪談 呪鳴』『上毛鬼談 群魔』『群馬百物語 怪談かるた』『恐怖箱 深怪』など。地元の高崎市で怪談イベント「高崎怪談会」を主催。編著作品に『高崎怪談会 東国百鬼譚』『群馬怪談 怨ノ城』がある。

撞木（しゅもく）
群馬県出身、在住。元タウン誌記者。幼い頃から妖怪や不思議な話に興味があり、「高崎怪談会」にスタッフとして参画。共著に『群馬怪談 怨ノ城』がある。

影絵草子（かげえぞうし）
茨城県在住、十代から実話怪談を蒐集し数にして千以上、現代怪談から土着風習など幅広く語り活字にする活動を七年続けている。主な著書に『茨城怪談』、共著に『実話怪談 牛首村』『鬼怪談 現代実話異録』『実話怪談 最恐事故物件』など。

筆者（ふでもの）
ウェブ作家として幅広いジャンルにて執筆し、かつ小説講座や投稿サイトなども運営していた父・筆者。芸能方面にて経営からプロデュース、バンドのマネージャーや、ミュージシャンとしても活動する娘・沫。そんな親子が得意分野を活かして怪談と言うジャンルに挑戦。一日一話。千話終了のショート怪談を、Twitterアカウント〈みっどないとだでぃ〉にて連載中。

実話怪談　怪奇島

2023年6月6日　初版第1刷発行

著者……………………………………………… 小原猛、久田樹生、月の砂漠、濱幸成、
夕暮怪雨、戸神重明、撞木、影絵草子、筆者
カバーデザイン ……………………………………… 橋元浩明（sowhat. Inc.）
DTP………………………………………………………………… 株式会社エストール

発行人……………………………………………………………………… 後藤明信
発行所………………………………………………………………… 株式会社 竹書房
〒102-0075　東京都千代田区三番町８－１　三番町東急ビル６F
email：info@takeshobo.co.jp
http：//www.takeshobo.co.jp
印刷所………………………………………………………… 中央精版印刷株式会社